THÜRINGER RESIDENZEN

Gotha:
Schloss Friedenstein,
Festsaal

THÜRINGER RESIDENZEN

Hans Joachim Kessler

mitteldeutsche editionen

Thüringen um 1650
Kupferstich von
Matthäus Merian

Inhaltsverzeichnis

Prolog 7

Teilen und Herrschen 9

Bauen, Wohnen, Repräsentieren 15

Aussenräume – Zwischenräume 43

Bürgerstolz und Bürgerrecht 67

Erfurter Wechselfälle 101

Und jedermann erwartet sich ein Fest 111

Epilog/Anhang 127

Thüringer Residenzenlandschaft: Greiz – Schloß, Park, Stadt

Wer sich mit Thüringer Geschichte befassen will, muss mit Überraschungen rechnen: Selten wurde ein mitteldeutsches Land so oft geteilt, vereint, wieder zerstückelt und abermals zusammengefügt. In diesem dauernden Spiel um Größe und Macht bleiben letztlich beide auf der Strecke – nicht aber Kultur und Kunst. Nur durch sie erfahren die häufig belächelten Kleinstaaten Anerkennung und Wertschätzung.

Glückliches Thüringen!

Wo sonst sind auf engstem Raume so viele Residenz-, Lust- und Jagdschlösser, ausgedehnte Parks und Gärten, Kloster-, Stadt- und Dorfkirchen, Bürgerhäuser, Rathausbauten, Amtssitze, Theater, Konzerthäuser und Museen zu finden? Sie sind das Resultat einer mehr als tausendjährigen Geschichte und steten Teilens, das im 17. Jahrhundert wohl seinen Höhepunkt erreicht hat. Zu dieser Zeit bestehen zeitweise bis zu zwanzig kleine und kleinste Regentschaften in Thüringen. In jedem dieser Miniaturstaaten gibt es eine Residenz. Kaum ein Ort ist mehr als zwei Stunden zu Fuß von einer Landesgrenze entfernt.

Hier zeigt sich Vielfalt, Abwechslung und die Thüringer Gabe, selbst kleinste Formen mit großen Inhalten zu füllen.

Klangvolle Namen verbinden sich mit ihnen: *Martin Luther, Johann Wolfgang von Goethe, Friedrich von Schiller, Friedrich Nietzsche, Friedrich Arnold Brockhaus, Joseph Meyer, Johann Sebastian Bach, Heinrich Schütz, Georg Benda, Franz Liszt, Gustav Mahler, Lucas Cranach, Henry van de Velde* und *Walter Gropius*, um nur einige zu nennen.

Ab 1920 sind auf rotem Thüringer Wappenschild sieben silberen Sterne vereint. Sie bilden das neue Landeswappen. Am 1. Mai des gleichen Jahres haben sich die ernestinisch-sächsischen Länder **Altenburg, Gotha, Meiningen, Weimar** mit den schwarzburgischen Staaten **Sondershausen** und **Rudolstadt** und dem **„Volksstaat Reuß"** zum Freistaat Thüringen zusammengeschlossen. Weimar wird zur thüringischen Landeshauptstadt erklärt – Erfurt gehört zu jener Zeit noch zum gleichnamigen Regierungsbezirk der preußischen Provinz Sachsen. Coburg kommt durch Volksentscheid 1920 zu Bayern.

Erstes Landeswappen von Thüringen 1920

Mit dem Ende der thüringischen Herzog- und Fürstentümer verlieren auch deren Residenzstädte ihren Zweck als Regierungsort. Der eigenwillige Charme solcher Stätten wirkt aber bis zum heutigen Tag fort, ihm kann man sich kaum entziehen. Er ist das Resultat fürstlicher Macht, höfischer Kultur und bürgerlichem Selbstbewusstseins.

Vielleicht hat gerade deshalb die deutsche und europäische Kultur diesen Städten so unendlich viel zu verdanken. Selbst die Orte, die nur für einen kurzen geschichtlichen Augenblick „Hauptstadt" eines noch so kleinen thüringischen Landes waren, sind daher mehr als nur eine flüchtige Begegnung wert!

Thüringen um 1900

TEILEN UND HERRSCHEN

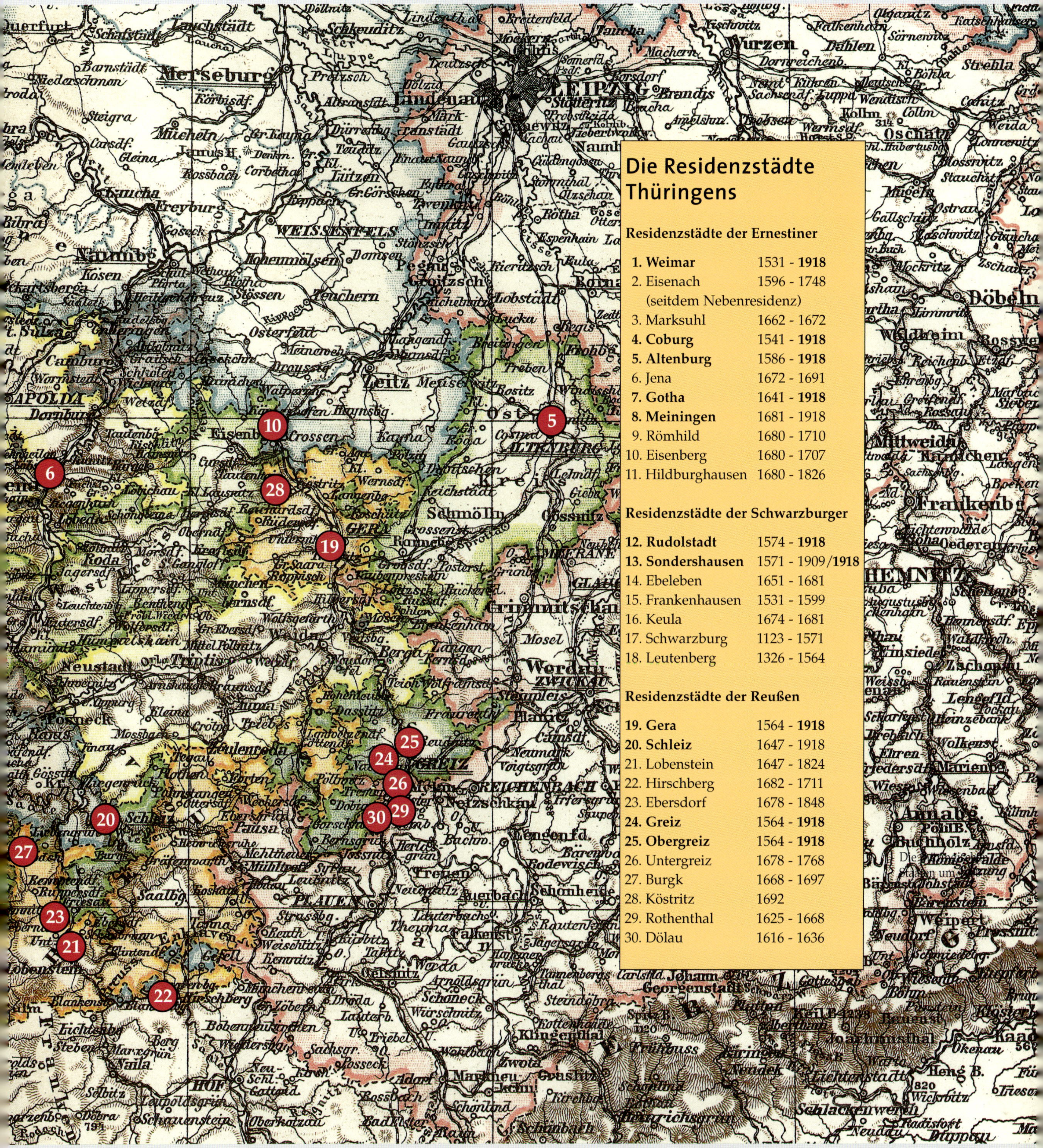

Die Residenzstädte Thüringens

Residenzstädte der Ernestiner

1. Weimar	1531 - **1918**
2. Eisenach	1596 - 1748
(seitdem Nebenresidenz)	
3. Marksuhl	1662 - 1672
4. Coburg	1541 - **1918**
5. Altenburg	1586 - **1918**
6. Jena	1672 - 1691
7. Gotha	1641 - **1918**
8. Meiningen	1681 - 1918
9. Römhild	1680 - 1710
10. Eisenberg	1680 - 1707
11. Hildburghausen	1680 - 1826

Residenzstädte der Schwarzburger

12. Rudolstadt	1574 - **1918**
13. Sondershausen	1571 - 1909/**1918**
14. Ebeleben	1651 - 1681
15. Frankenhausen	1531 - 1599
16. Keula	1674 - 1681
17. Schwarzburg	1123 - 1571
18. Leutenberg	1326 - 1564

Residenzstädte der Reußen

19. Gera	1564 - **1918**
20. Schleiz	1647 - 1918
21. Lobenstein	1647 - 1824
22. Hirschberg	1682 - 1711
23. Ebersdorf	1678 - 1848
24. Greiz	1564 - **1918**
25. Obergreiz	1564 - **1918**
26. Untergreiz	1678 - 1768
27. Burgk	1668 - 1697
28. Köstritz	1692
29. Rothenthal	1625 - 1668
30. Dölau	1616 - 1636

Thüringen ist reich an Grenzsteinen, noch immer. Wappengeschmückt, mit der Patina des Alters überzogen, sind sie an Straßen und Wegen, an Feldrainen und selbst in Wäldern zu finden. Derlei Male sind die letzten Zeugnisse einer Geschichte von Landgewinn und Verlust, von allzu häufigem Zerteilen. Trifft man auf solch alte Grenzmarkierung, so ist darauf meist der sächsische Wappenschild mit dem Rautenkranz zu sehen – Zeugnis der Herrschaft der ***Wettiner****.*

Seltener sind die Zeichen der ***Reußen*** *und der* ***Schwarzburger*** *in den Stein gemeißelt. Gleichwie – sie alle weisen auf die ehemaligen Ländereien der bedeutendsten Thüringer Herrscherhäuser hin.*

Wenn es derer offensichtlich nur drei sind, dann dürfte die Geschichte des Landes kaum aufregend und nicht sonderlich kompliziert sein.

Doch dieses Bild täuscht, wie es sich bei näherem Betrachten alsbald zeigen wird.

Dafür sorgt schon das Wappen der Sachsen, das in Altenburg genauso wie in Eisenach, Gotha, Meiningen, Weimar und Eisenberg die Schlösser ziert. In Erstaunen versetzen Rautenkranz und Kurschwerter schon, sind sie doch eher an der Elbe und Mulde statt an der Werra und Ilm zu vermuten.

Die Wettiner

Dass die sächsischen Insignien ihren Platz zu Recht in Thüringen haben, liegt vor allem an *Heinrich dem Erlauchten*, einem Nachfahren der Grafen von Wettin. Als Markgraf von Meißen strebt er spätestens 1247 auch die Herrschaft über die Landgrafschaft von Thüringen an, mit Erfolg. 1249 unterwerfen sich ihm die wichtigsten Thüringer Grafen.

Vier Jahre danach wird mit dem als Pfand erworbenen Pleißenland Heinrichs Einflussbereich weiter ausgedehnt und abgerundet. Seine Mittel: Geschickte Diplomatie und wo diese versagt, das Schwert. Beide, taktisch klug vereint, bringen dem Markgrafen schon zu Lebzeiten den Beinamen „illustris“ – der „Erlauchte“ – ein. Seine Nachfolger beweisen weniger staatsmännisches Können. Mehrfach scheinen deshalb die Ansprüche der Meißner Markgrafen auf die Thüringer Lande wieder gefährdet.

Königliche Interessen, der Unmut des Adels und der Thüringer Grafenkrieg sorgen im 14. Jahrhundert für verlustreiche Waffengänge, aus denen die Wettiner dennoch gestärkt hervorgehen.

Der Höhepunkt ihrer Macht ist 1423 erreicht, als *Friedrich der Streitbare*, Markgraf zu Meißen und Landgraf von Thüringen, die Kurwürde erhält. Sein Besitz, die Regionen zwischen Werra und Elbe, zählt in dieser Zeit zu den wichtigsten im Heiligen Römischen Reich deutscher Nation. Wirtschaft, Wissenschaft und Kunst haben eine bis dahin nicht gekannte Blütephase erreicht.

Rund fünfzig Jahre können sich die Wettiner daran erfreuen, dann ist es aus mit ungeteilter Herrschaft und Herrlichkeit. Streit um Besitz und Erbe haben bei ihnen Tradition. Der „Sächsische Bruderkrieg“ (1446/51) ist das für die thüringischen Lande folgenreichste und verheerendste Beispiel.

Noch schwerwiegender soll freilich die fehlende Eintracht zwischen *Kurfürst Ernst* und *Herzog Albrecht* wirken. Die Brüder, als Kinder 1455 Opfer des „Sächsischen Prinzenraubes zu Altenburg“ und damit bereits indirekt in die Folgen eines Bruderzwistes verwickelt, teilen ihren Besitz. 1485 wird dieser unglückselige Schritt in Leipzig vollzogen. Durch ihn entstehen in Folge auch die Dynastien der *Albertiner* und *Ernestiner*.

Den fortan albertinischen Sachsen beschert die Spaltung eine bemerkenswerte Entwicklung, sie verhilft den regierenden Häuptern sogar zu Königswürden.

Den ernestinischen „Sachsen“, die vor allem Thüringer sind, bleibt nicht nur solch Ruhm verwehrt.

Zunächst noch vom Glanz der Kurwürde umstrahlt, setzen sich die Landesherren zu Beginn des 16. Jahrhunderts für *Martin Luthers* neue Glaubenslehre ein. Im damaligen Kurfürstentum sind auch deshalb deren wichtigste Orte und Stätten zu finden.

Der Einsatz für die Reformation gipfelt alsbald, zumindest für die Ernestiner, sogar im offenen

Heinrich der Erlauchte
Markgraf von Meißen, (1221-1288); erwarb 1248 die Landgrafschaft Thüringen. Holzplastik von Franz Schneider in der Albrechtsburg Meißen (1879)

Das Wappen der sächsischen Kurfürsten

Kampf. 1546/47 treffen der von ihnen geführte „Schmalkaldische Bund" und die Heere des katholischen *Kaisers Karl V.* aufeinander. Am 24. April 1547 verliert *Kurfürst Johann Friedrich von Sachsen* nicht nur die Schlacht bei Mühlberg und damit auch den „Schmalkaldischen Krieg". *Karl V.* überträgt als Folge dessen dem albertinischen *Herzog Moritz* die Kurwürde. Während dieser und dessen Nachfolger schlau genug sind, sich vom scheinbar chronischen Teilungszwang zu befreien, können die Ernestiner offenbar dem nicht entrinnen. Sie folgen ihm von nun an in kaum zu übertreffender Weise.

Nach einer regelrecht abenteuerlichen Politik und dem glücklosen Versuch Herzog *Johann Friedrich des Mittleren*, die Kurwürde wieder zu erlangen, beginnt am 6. November 1572 die erste Teilung des ernestinischen Restbesitzes. Sechs weitere sollen folgen. Dadurch bestehen zeitgleich bis zu zehn sächsisch-ernestinische Herzogtümer in Thüringen. 1826 findet die letzte Teilung statt. *Bernhard August von Lindenau*, vor allem als Mäzen und Astronom bekannt, hat an dieser Neuordnung des ernestinischen Erbes maßgeblichen Anteil. Die dabei gebildeten Herzogtümer **Sachsen-Meiningen**, **Sachsen-Coburg-Gotha** und **Sachsen-Altenburg** bestehen mit dem bereits 1672 gegründeten Herzogtum Weimar bis zum November 1918.

Den *Reußen* und *Schwarzburgern* geht es, zumindest was das Ende ihrer Herrschaft betrifft, nicht anders. Doch auch sonst unterscheiden sich die beiden Geschlechter kaum von den *Wettinern*, die scheinbar oft Vorbild sind.

Die Reussen

Das Wappen der Reußen

1122 wird zum ersten Mal von einem *Erkenbert* berichtet, der als Ministeriale und Herr in Weida regiert. Im kaiserlichen Dienst hat der reußische Urahn für den Burgenbau. Die Kolonisierung und Christianisierung im dahin noch weitgehend slawisch besiedelten Gebiet der Weißen Elster zu sorgen. Seine Nachkommen geben dem Vogtland den Namen und werden sämtlich *Heinrich* genannt. Davon sind 76 bekannt. Einer der wichtigsten ist offenbar der sechste. Er bringt den Namen Reuß (Russe) in die Familie und beschert der Forschung bis heute die Frage, welcher Art seine Verbindung zum fernen Russland gewesen ist.

Mit Fleiß mehren die *Reußen*, gleich den *Wettinern* ihren Besitz und teilen ihn immer wieder. Bereits 1564 wird er in drei Linien, die ältere, mittlere und jüngere, gegliedert. Danach kommt es bis 1694 zu sieben weiteren Erbteilungen. Eine Folge davon: 1678 trifft man auf neun reußische Herrschaften und Grafschaften, die am Oberlauf der Saale und an den Ufern der Weißen Elster zu finden sind.

Die *Reußen (ältere Linie)* werden 1778 in den Reichsfürstenstand erhoben und danken als solche

1918 ab. Ihre Besitzungen sind bis dahin klein und ohne besonderen Einfluß auf die Geschichte des Reiches.

Zumindest haben sie zur Vielgestaltigkeit der Thüringer Landkarte beigetragen. Das lässt sich auch von den Schwarzburgern sagen.

Die Schwarzburger

Das Wappen der Schwarzburger

Als Grafen von Käfernburg-Schwarzburg gelten sie als das vermutlich älteste edelfreie Geschlecht in Thüringen. 1123 wird erstmals von den *Schwarzburgern*, 1141 von den *Käfernburgern* berichtet. Nach deren Aussterben 1385 besteht das Geschlecht als rein *„schwarzburgisch"* fort.

Rund drei Jahrzehnte zuvor hat *Günter XXI.* nach der deutschen Königskrone gegriffen und sich damit *Karl IV.* zum Gegner gemacht. Binnen Jahresfrist ist der Schwarzburger gestorben. Stimmen die Gerüchte, so soll Gift dabei seine Wirkung nicht verfehlt haben.

Spätere Chronisten beklagen in den schwarzburgischen Landen vor allem einen deutlichen Mangel an *„notablen Männern der Wissenschaft und Kunst."* Das hindert indes nicht an der mittlerweile schon andernorts bekannten Freude am Zerteilen des Besitzes. Sie beginnt, wie bei den *Wettinern und Reußen*, in der zweiten Hälfte des 16. Jahrhunderts zunächst mit drei Grafschaften. Diese, 1571 gebildet, werden schon 1599 erneut aufgeteilt. Mit Ausnahme der dabei auch entstandenen **Grafschaft Schwarzburg-Rudolstadt** erleiden die übrigen schwarzburgischen Herrschaftsgebiete derlei Prozeduren noch zweimal.

Die letzte Teilung findet 1681 statt. Sechzehn Jahre danach werden die Schwarzburger Grafen in den Reichsfürstenstand erhoben. Versehen mit diesem Titel regieren sie bis 1918 die **Fürstentümer Schwarzburg-Sondershausen** und **Schwarzburg-Rudolstadt.**

So wie die bemoosten und verwitterten Grenzsteine von einer wechselvollen und vielgestaltigen Thüringer Geschichte berichten, so geben auch die prunkvollen Residenzschlösser darüber Auskunft. Freilich geschieht dies auf eine ganz andere Weise.

Greiz:
Oberes Schloss
(1540-1546),
Unteres Schloss
(1802-1809)
und Stadtkirche
St. Maria
(1802)

An der Loire ist der Inbegriff des Schlosses zu finden: Verspielt und malerisch. Die mittelalterliche Burg hat bedrohlich Düsteres verloren, geblieben ist ihr märchenhafter Zauber, schon gepaart mit dem mondänen Glanz des künftigen Versailles. Als um 1600 die Sterne der Loire-Schlösser allmählich verblassen, beginnen die der Thüringer Residenzen zu leuchten. Ihr Schein aber ist ein anderer: Monumentales bestimmt, französische Leichtigkeit sucht man meist vergebens, zumindest im Äußeren.

Ulrich von Hutten: (1488-1523) Humanist und Schriftsteller; aus fränkischem Rittergeschlecht (Burg Steckelberg bei Schlüchtern); studierte in Köln, Leipzig, Wittenberg, Erfurt, Padua und Bologna. Freundschaft mit Erasmus von Rotterdam, Martin Luther und Zwingli

Willibald Pirckheimer: (1470-1530) Humanist und Schriftsteller; studierte in Pavia und Padua; Ratsherr in Nürnberg; Übersetzer der Schriften von Plutarch und Lukian; Freund von Albrecht Dürer

Die Zustände in einer mittelalterlichen Burg schildert Ulrich von Hutten um 1510 anschaulich in einem Brief an den Nürnberger Willibald Pirckheimer.

„Du darfts Dein Leben nicht zum Maßstab für das meine nehmen; selbst wenn ich ein reiches väterliches Erbe besäße, so daß ich ganz von meinem eigenen Vermögen leben könnte, würden mir doch die mit unserem Stande verbundenen Unruhen keine Muße gönnen…

Die Leute, von denen wir unseren Unterhalt beziehen, sind ganz arme Bauern, denen wir unsere Äcker, Weinberge, Wiesen und Wälder verpachten. Der Ertrag daraus ist im Verhältnis zu den darauf verwandten Mühen sehr gering, aber man sorgt und plagt sich, daß er möglichst groß werde; denn wir müssen äußerst umsichtige Wirtschafter sein. Wir dienen dann auch einem Fürsten, von dem wir Schutz erhoffen; tue ich das nicht, so glaubt jeder, er dürfe sich alles und jedes gegen mich erlauben. Aber auch für den Fürstendiener ist diese Hoffnung Tag für Tag mit Gefahr und Furcht verbunden. Denn sowie ich nur einen Fuß aus dem Haus setze, droht Gefahr, daß ich auf Leute stoße, mit denen der Fürst Späne und Fehden hat und diese mich anfallen und gefangen wegführen. Habe ich Pech, so kann ich die Hälfte meines Vermögens als Lösegeld darangeben, und so wendet sich mir der erhoffte Schutz zum Trutz.

Wir halten uns deshalb Pferde und kaufen uns Waffen, umgeben uns auch mit einer zahlreichen Gefolgschaft, was alles ein schweres Geld kostet. Dabei können wir keine zwei Äcker lang unbewaffnet gehen; wir dürfen keinen Bauernhof ohne Waffen besuchen, bei Jagd und Fischfang müssen wir eisengepanzert sein.

Die Streitereien zwischen unseren und fremden Bauern hören nicht auf; kein Tag vergeht, an dem uns nicht von Zank und Hader berichtet wird, die wir dann mit größter Umsicht beizulegen suchen. Denn wenn ich das meine allzu hartnäckig verteidige oder auch Unrecht verfolge, so gibt es Fehde; lasse ich aber etwas allzu geduldig hingehen oder verzichte gar auf mir Zustehendes, so gebe ich mich ungerechten Übergriffen von allen Seiten preis, da, was ich einem hingehen lasse, sofort alle als Lohn für ihre Ungerechtigkeit für sich beanspruchen.

Und zwischen wem spielt sich all das ab? Nicht zwischen Fremden, mein Freund, sondern zwischen Verschwägerten, Verwandten, Vettern und selbst unter Brüdern. Das sind die Genüsse unseres Landlebens, unsere Muße, unsere Ruhe.

Steht eine Burg auf einem Berge oder in der Ebene, auf jeden Fall ist sie nicht für die Behaglichkeit, sondern zur Wehr erbaut, mit Gräben und Wall umgeben, innen von bedrückender Enge, zusammengepfercht mit Vieh und Pferdeställen, dunkle Kammern vollgepfropft mit schweren Büchsen, Pech, Schwefel und allem übrigen Waffen- und Kriegsgerät. Überall stinkt das Schießpulver, und der Duft der Hunde und ihres Unrates ist auch nicht lieblicher, wie ich meine.

Reiter kommen und gehen, darunter Räuber, Diebe und Wegelagerer, da unsere Häuser meist offenstehen und wir den einzelnen nicht genauer kennen oder uns auch um ihn nicht sonderlich kümmern. Und welch ein Lärm! Da blöken die Schafe, brüllt das Rind, bellen die Hunde, auf dem Feld schreien die Arbeiter, die Wagen und Karren knarren, und bei uns zu Haus, da wir nahe an Wäldern wohnen, hört man auch die Wölfe heulen.

Jeden Tag kümmert und sorgt man sich um den folgenden, immer ist man in Bewegung, immer in Unruhe. Da müssen die Äcker umgegraben und wieder umgegraben werden, ist in den Weinbergen zu arbeiten, Bäume muß man setzen, Wiesen bewässern, Schollen brechen, säen, düngen, das Getreide schneiden, dreschen; nun ist die Zeit der Ernte, nun die der Weinlese. Ist es dann ein schlechtes Jahr, wie dies in unserer unfruchtbaren Gegend nur zu oft der Fall ist, dann herrscht furchtbare Not, furchtbare Armut. Da gibt es dann nichts was einen nicht zu jeder Stunde aufregt, verwirrt, ängstigt, zermürbt, aufreibt."

Meißen:
Albrechtsburg

Sächsisch-thüringische Baumeister denken nuchtern, ihre Bauherren nicht minder – und dies bereits seit *Kurfürst Friedrich II.* (1428-1464) Zeiten. Zu unrecht nur ob seiner angeblichen Sanftmut bekannt, wird sein tatsächlicher Weitblick kaum gerühmt. Doch gerade dieser soll genannt sein.

Der sächsische Kurfürst überträgt seinen Amtleuten die Oberaufsicht über die Steinmetzen. In der Markgrafschaft Meißen und in der Landgrafschaft Thüringen wird fortan das Landesbauwesen „zentral geleitet", dass damit auch die Bürokratie Einzug auf dem Bau hält, lässt sich denken.

Ein Grund für ein straff geführtes Bauwesen: Die Wettiner haben den Höhepunkt ihrer Macht erreicht. Jetzt soll sie auch die entsprechende architektonische Form erhalten.

Am 4. Juni 1471 wird *Arnold von Westfalen* zum kursächsischen *„buwemeister"* berufen. Zu dieser Zeit ist der Steinmetz bereits mit Bauarbeiten am Meißner Dom befasst. Alsbald obliegen ihm die Planung und Bauleitung der benachbarten Albrechtsburg. Doch auch in Torgau, Dresden, Grimma, Belzig und auf den Burgen Kriebstein und Rochsburg ist sein eindrucksvolles Schaffen spürbar.

Das Besondere seiner Leistung wird vor allem an der Albrechtsburg offenkundig: Auch in Sachsen tritt der Wehrbau zu Gunsten des repräsentativen Wohnbaus in den Hintergrund. Dieser architekturgeschichtliche bedeutsame Schritt leitet die Wandlung von der Bergveste zum Residenzschloss in der offenen Landschaft ein. Gleichzeitig entsteht aus der häufig wechselnden mittelalterlichen Reiseresidenz nunmehr ein Ort mit dauernder fürstlicher Hofhaltung.

Für Meißen bedeutet diese Entwicklung trotz allen baumeisterlichen Könnens zunehmenden Bedeutungsverlust. In gleichem Maße wird Dresden als Aufenthaltsort durch *Herzog Albrecht* favorisiert. Die nach ihm regierenden sächsisch-albertinischen Herrscher folgen seinem Beispiel. Die große Zeit in Meißen ist vorbei.

Trotzdem beeinflusst das Baugeschehen auf der Albrechtsburg die Architekturlandschaft zwischen Elbe und Werra in kaum vorhersehbarer Weise. Zuerst wird dies am Schloss Hartenfels deutlich. Hier wirkt *Kunz Krebs*, der rund sechzig Jahre nach *Arnold von Westfalen* dessen Amt im ernestinischen Kurfürstentum innehat. Er baut, wie sein Vorgänger, einen prachtvollen Wendelstein. Allerdings nicht mehr in gotischer

Nikolaus Gromanns Arbeiten in Weimar:
Cranach-Haus (1547-1549)

Portal am Torhaus – Bastille (1530)

Manier, sondern deutlich unter dem Einfluss der Renaissance.

Zuvor zeigte *Kunz Krebs* bereits 1531 auf der **Veste Coburg** das neue Stilempfinden.

Eine unscheinbare wirkende Zisterne, gilt als richtungsweisende Arbeit. Ihre Formensprache soll alsbald die Architektur im sächsisch-thüringischen Raum bestimmen und trotzdem das gotische Erbe nicht völlig verdrängen. Rundgiebel, Rundbögen und eine bis dahin unbekannte Dekorationsfreude bei der Fassadengestaltung werden aus der italienischen Renaissance übernommen.

Die sächsischen Kurfürsten, so scheint es, besitzen bei der Wahl ihrer Landesbaumeister eine besonders glückliche Hand.

Nach dem Tod von *Kunz Krebs* setzt *Nikolaus Gromann* den Umbau des Schlosses Hartenfels fort und vollendet ihn.

Zunächst als Steinmetz in kurfürstlichem Dienst, macht Gromann auf der Osterburg in Weida durch die Verwendung neuer Stilelemente auf sich aufmerksam. Ob seiner außergewöhnlichen Leistungen wird ihm 1544 das Amt des Landesbaumeisters übertragen. Rasch ist seine Handschrift auch in anderen Orten der Thüringer Architekturlandschaft sichtbar. Virtuos nutzt Nikolaus Gromann den Formenschatz der Renaissance. Die ernestinischen Schlösser Grimmenstein in Gotha, Hornstein in Weimar, Ehrenburg in Coburg und natürlich auch die dortige Veste, das Jagdschloss Fröhliche Wiederkunft bei Wolfersdorf und der „Französische Bau" der Veste Heldburg gelten als die wichtigsten Orte seines Schaffens im höfischen Bereich. Mit Ausnahme des Schlosses Grimmenstein haben Grohmanns Bauten die Wirren der Zeit überstanden, wenngleich spätere Überformungen das ursprüngliche Bild häufig veränderten. Eine Fahrt von Weimar über Wolfersdorf, Coburg nach Heldburg folgt, wenn man denn will, chronologisch seinem Lebenswerk.

Dabei kommt dem Schloss Ehrenburg eine ganz besondere Bedeutung zu: *Herzog Johann Ernst von Sachsen-Coburg* lässt ab 1543 am Stadtrand von Coburg das erste ernestinische Residenzschloss errichten, das nicht auf den Grundmauern einer ehemaligen Burg erbaut wird! Das künftige Residenzschloss nutzt alle Vorzüge der Stadtnähe und der ebenen Siedlungslandschaft.

Natürlich bleibt Gromanns Wirkungsfeld nicht allein auf die Residenzschlösser beschränkt. Am Weimarer Markt entsteht in den Jahren zwischen 1547 und 1549 ein Doppelhaus. Bauherr ist der herzogliche Rat *Christian Brück*, verwandschaftlich mit *Lucas Cranach d.Ä.* verbunden. Der hochbetagte Maler lebt nun von 1552 bis zu seinem Tod 1553 in diesem Haus. Pech für Meister Gromann! Selten wird bei der attraktiven Gebäudegruppe an den Baumeister, meist aber an den Maler erinnert.

Ganz anders in Altenburg. Das nach Gromanns Plänen errichtete Rathaus zählt ohne Zweifel zu den

Veste Coburg:
Zisterne (1531)

reifesten Leistungen des Landesbaumeisters, der bei der Bauleitung durch *Caspar Böschel* aus Chemnitz unterstützt wird. Und der noble bürgerliche Glanz des Altenburger Rathauses verrät noch mehr: Nämlich die enge kulturelle Beziehung zwischen der fürstlichen Residenz und der Residenzstadt.

Die Freude an modernen repräsentativen Gebäuden teilen fürstlicher Hof und Bürgerschaft. Beide machen sich, jeder auf seine Weise und mit seinen Möglichkeiten, das Kunstverständnis des Landesbaumeisters zu Nutze!

Dessen Wirkung wird nicht nur in den ernestinisch-sächsischen Residenzstädten, sondern selbst im reußischen Gera deutlich.

Gromann baut im landesherrschaftlichen und städtischen Dienst und wird so Diener zweier Herren. Ein nicht ungefährlicher Zustand, wie sich zeigen soll. Der rastlose Landesbaumeister bekommt herzoglichen Unwillen zu spüren. Beim zeitgleichen Bau der Veste Heldburg und des Altenburger Rathauses droht dem Baumeister sogar Freiheitsentzug. Sollten die Vorstellungen des Herzogs nicht erfüllt werden und das Rathaus prächtiger als die Veste gelingen, kann Meister Nikolaus mit entbehrungsreicher Kerkerhaft rechnen!

Solch Ungemach ist allerdings für den Vielbeschäftigten doch eher die Ausnahme als die Regel.

Dessen ungeachtet beeinflussen die fürstlichen Renaissancebauten besonders im späten 16. Jahrhundert auch immer deutlicher den bürgerlichen Geschmack.

In Altenburg lässt sich dies vor allem durch die Arbeit von *Wulf Rieth* und in Coburg durch die Bauten von *Nicolaus Bergner* und *Peter Sengelaub* beobachten.

Während des Barocks hält diese Entwicklung an. Ein Grund dafür: Albertiner und Ernestiner kranken wieder einmal an wettinischer Machtsucht. Ein probates Mittel dagegen ist, die Ländereien des vermeintlich Schwächeren weiter zu teilen. Und das geschieht denn auch 1572 in Erfurt, zur Freude der Dresdner Kursachsen. Vielleicht gab es selbst in Thüringen Anlass zur Freude, denn Teilen bedeutet allemal neue Residenzschlösser, zumindest aber deren Um- oder Ausbau. Auch der Hofstaat braucht Quartier, vom ständig wachsenden Heer der subalternen Beamten ganz zu schweigen.

Welcher Architekt und Baumeister erwartet da nicht lohnende Aufgaben! Doch derlei Träume und Wünsche gehen zunächst in den Schrecken des Dreissigjährigen Krieges fast unter.

Erstes Hoffnungszeichen in unruhiger Zeit ist das **Schloss Friedenstein in Gotha**. Als nach den Grumbachschen Händeln 1567 die Festung Grimmenstein zum Preis von 704.675 Gulden gründlich geschleift wird, denkt zunächst niemand an einen Wiederaufbau, selbst nicht an einen weniger wehrhaften Fürstensitz. Noch 1614 gilt das Gelände der ehemaligen Festung als „Sauanger, Gänsewiese und Balzhuckel", was letzteres auch immer sein mag. Doch kurz vor Kriegsende beginnen die Arbeiten für das erste deutsche Barockschloss.

Herzog Ernst I. (der Fromme) betraut 1643 die Baumeister *Caspar Vogel, Nicol Theiner, Andreas Rudolph* und *Johann Moritz Richter* mit dem aufsehenerregenden Bauprojekt. In ihm werden unter einem Dach fürstlicher Wohn- und Amtssitz samt Verwaltung vereint. Von diesem Ort gehen durch *Ernst I.* Impulse aus, durch die das Herzogtum Sachsen-Gotha allmählich und beispielgebend die Folgen des Dreissigjährigen Krieges überwindet. Nicht zufällig erhält das Schloss den beziehungsreichen Namen Friedenstein.

Trotzdem wird, den Umständen der Zeit entsprechend, die mächtige Dreiflügelanlage mit Wallgräben und Basteien geschützt. Während die äußere Gestaltung eher streng und nüchtern wirkt, verrät das innere Raumkonzept bereits barocke Opulenz.

Vor allem *Michael Käseweiß, Hans Heller, Andreas Bachof* und *Christian I. Richter* sind mit der prunkvollen Raumausstattung befasst.

Der Name *Richter* begegnet uns beim Betrachten des Baugeschehens in den Thüringer Kleinstaaten von jetzt an häufiger. Wir wissen vom Wirken der thüringischen Künstlerfamilie in Hildburghausen, Meiningen, Saalfeld, Weimar, und selbst in Zeitz und Weißenfels. An allen Orten findet sich eine vergleichbare barocke Formensprache. Die erfolgreiche Bauplanung des Gothaer Schlosses Friedenstein wird mehrfach wiederholt.

Gotha:
Schloss Friedenstein
(1640)

Gotha:
Schloss Friedenstein,
Audienzzimmer

Coburg:
Schloss Ehrenburg
(1543-1549),
(1810-1841)

Selbst im **Coburger Schloss Ehrenburg** ist die Richtersche Handschrift zu finden, denn die Renaissanceanlage hatte durch einen Brand erheblich gelitten. Und so wird ab 1690 auch *Christoph Richter* mit maßgeblichen Arbeiten für einen Prunkbau *„im französichen Stil"* betraut, nicht ohne Erfolg, wie vor allem der pompöse Riesensaal, das Rote Empfangszimmer, der Weiße Saal, das Schlafzimmer des *Herzogs Albrecht* und die reich stuckierte Hofkirche zeigen. Abermalige Überformungen während der Mitte des 19. Jahrhunderts, von den Ideen *Karl Friedrich Schinkels* beeinflusst, geben dem Residenzschloss das heute sichtbar markante neogotische Gepräge.

Neben den *Richters* ist *Christian Wilhelm Gundermann* in Thüringen tätig. Als fürstlich-sächsischer Landesbaumeister arbeitet er für *Herzog Albrecht von Sachsen-Saalfeld* in Saalfeld und zeitgleich für *Herzog Christian von Sachsen-Eisenberg* am Schloss Christiansburg in Eisenberg.

Der in Altenburg beheimatete *„fürstliche Baumeister und Bibliothekar"(!) Christian Wilhelm Gundermann* gibt innerhalb von zwei Jahren (1677-1679) dem dreiflügeligen **Saalfelder Residenzschloss** Gestalt. 1690 vollendet *Christian II. Richter* die durch den Tod des Herzogs unterbrochenen Arbeiten.

Saalfeld:
Variante eines Residenzschlosses nach Gothaer Vorbild
(1680-1745)

Eisenberg:
Barockes Kleinod –
Schlosskapelle
St. Trinitatis
(1683/84-1692)

Die ob ihrer Geschichte eher unbedeutende Residenz **Eisenberg** fällt durch die prächtige Schlosskapelle auf. Sie gilt als reifeste Leistung des thüringischen Barocks und verweist damit auf die Bedeutung *Gundermanns* für die Thüringer Baugeschichte des späten 17. und frühen 18. Jahrhunderts.

Eisenberg:
Schloss und Schlosskapelle St. Trinitatis

Eisenberg:
Wappenkartusche Schlosskapelle St. Trinitatis

Altenburg:
Schloss

Altenburg:
Hausmannsturm
(12. Jh.)

In *Gundermanns* Heimatstadt **Altenburg** sind keine Bauten von ihm bekannt. Dagegen will es der Zufall, dass ausgerechnet der aus einer ursprünglich in Saalfeld ansässigen Familie stammende *Gottfried Samuel Vater* am barocken Umbau des Altenburger Residenzschlosses beteiligt ist.

Gleichwie, zwischen 1706 und 1744 wird die mittlerweile rund achthundert Jahre alte Burg- und Schlossanlage gründlich umgebaut. Landbaumeister *Johann Heinrich Gegenbach* und Oberbaudirektor *Friedrich Wilhelm von Wurmb* sind gemeinsam mit *Vater* um das Vorhaben bemüht, dass sich vor allem auf den westlichen Schlossteil konzentriert.

Dabei verschwinden mehr und mehr Spuren herrschaftlichen Glanzes aus der Zeit, in der Altenburg den Staufern als häufiger genutzte Kaiserpfalz diente und von den Wettinern als Residenzschloss beansprucht wurde. Selbst die Räume, in denen sich 1455 der legendäre Prinzenraub vermutlich zugetragen hat, müssen barockem Baueifer weichen. Dagegen widerstehen diesem der romanische Torturm, der Hausmannsturm, der als „Flasche" bekannte Wohn- und Fluchtturm und ein Rest der mittelalterlichen Schildmauer. Auch die ursprünglich für das Kollegiatstift St. Georg erbaute Schlosskirche bleibt bestehen. Sie zeigt gotisches Formgefühl, innen besser als außen und erinnert außerdem an das Wirken *Georg Spalatins* und an *Martin Luthers* häufige Altenburger Aufenthalte.

Altenburg:
Schlosskirche
St. Georg
(1439-1465)

Darüber hinaus verbreitet die barocke Trostorgel optischen Glanz und musikalisches Vergnügen. An ihm haben sich auch *Johann Sebastian Bach* und dessen Schüler *Johann Ludwig Krebs* erfreut.

Der Torso einer dreigeschossigen Renaissancegalerie vervollkommnet das Bild des nahezu alle bedeutenden Stilrichtungen vereinenden Schlosses. Dem stehen die Wechselfälle der Geschichte an Bedeutung kaum nach.

1826 wird **Altenburg** zum zweiten Mal nach fast 150jähriger Pause Residenz der Herzöge von Sachsen-Altenburg. Während ihrer Regentschaft bedingen zwei verheerende Brandkatastrophen erneut umfangreiche Bauarbeiten. Anstelle des barocken entsteht ein neoklassizistischer Festsaal, das gotische Kornhaus und das barocke Prinzenpalais ersetzen zwei Neorenaissancegebäude. (Eine ähnliche architektonische Vielfalt zeigt übrigens auch das Residenzschloss der Herzöge von Sachsen-Weimar.)

Altenburg:
Schloss,
Corps de Logis
(1743-1744)

Altenburg:
Schloss, Festsaal
(1864-1868)

Eisenach: Stadtschloss – der Teepavillon auf dem Dach (1750 - 1755)

Eisenach: Stadtschloss und Rathaus am Markt (1596 - 1641)

1729 wird der Landbaumeister *Gottfried Heinrich Krohne* mit der barocken Umgestaltung des Hausmannsturmes in Weimar betraut. Er setzt einen nicht zuübersehenden, markanten Akzent.

Im selben Jahr ist *Krohne* auch im reußischen Gera tätig. Unter seiner Leitung entsteht die Orangerie im Küchengarten. 1732 ist das imposante Bauwerk vollendet. Zehn Jahre später beginnen die Bauarbeiten am Stadtschloss in **Eisenach.** Seit 1572 dient der Ort mehrfach den Herzögen von Sachsen-Eisenach als Regierungssitz und die „Alte Residenz"an der Esplanande als Schloss.

Dass in den Thüringer Herrscherhäusern das Kapitel „Erwerben, Ererben, Verderben" einer besonderen Tragik und Dramatik nicht entbehrt, ist hinlänglich bekannt. Wenn aber dabei die Preußen noch ihre Hände im Spiel haben, dann ist dies überhaupt nicht mehr lustig. Ausgerechnet *Friedrich „zwo"*, der begnadete Rheinsberger Feingeist, ist dabei alles andere als fein und erst recht nicht groß. Das bringt wohl erst später die Potsdamer Luft mit sich.

Als Testamentvollstrecker der *Prinzessin von Brandenburg-Schwedt*, verehelichte *Herzogin von Sachsen-Eisenach*, lässt *Friedrich II.* das Eisenacher Residenzschloss völlig ausräumen. Nichts ist dabei vor ihm sicher. Die Folgen: Die neuen Besitzer, die *Herzöge von Sachsen-Weimar-Eisenach* meiden die so geschundene Residenz und lassen 1742 am Markt ein neues Stadtschloss errichten. Den Auftrag dazu erhält *Gottfried Heinrich Krohne.*

Nicht der Bau als solcher wird für ihn zum Problem, sondern die Verfahrensweise dabei. Oberster Grundsatz der Bauherren: Gebaut wird auf jeden Fall, viel Geld kosten darf es aber nicht!

Trotzdem gelingt *Krohne* eine beachtliche Leistung. Einmalig dabei: Der Kuppelpavillon auf dem Dach des ursprünglich vierflügeligen Residenzschlosses. Es gibt in Eisenach wohl keinen besseren Ort zum Teetrinken, zumindest nach Meinung der Schlossherren. *Herzog Ernst August von Sachsen Weimar-Eisenach* nutzt den Pavillon hoch über den Dächern der Residenzstadt häufig, seine Nachfolger eher weniger.

Bereits ein Jahr nach dem Baubeginn in Eisenach erhält *Krohne* einen weiteren, vielleicht sogar den für ihn wichtigsten Bauauftrag. In **Rudolstadt** ist *Johann Christian Knöffel*, Oberlandesbaumeister aus Dresden, am Wiederaufbau der von einem Brand stark in Mitleidenschaft gezogenen **Heidecksburg** gescheitert. Fünf Jahre hat er zur Zufriedenheit seiner Auftraggeber gebaut, Altes mit Neuem verbunden, und dies bei knapper Zeit und stets noch knapperen Finanzen. Dann zeigen sich ernsthafte Bauschäden. Die Folge: *Knöffel* muss gehen, *Krohne* kommt und baut als weithin sichtbares Zeichen seines Schaffens den 40 Meter hohen Schlossturm. Doch dabei bleibt es natürlich nicht. Im Inneren der dreiflügeligen Anlage nutzt er einerseits *Knöffels* Raumkonzept, andererseits verleiht der „Fürstliche Baudirektor" den Räumen ein eigenes erstaunlich farb- und formenreiches Aussehen.

Im stadtwärts gelegenen langgestreckten Südflügel mit der ursprünglichen Haupteinfahrt sind die Wohnräume untergebracht. Barock, Rokoko und der modische Geschmack des 19. Jahrhunderts beeinflussen deren Einrichtung.

Krohne verleiht dem wiederaufgebauten Westflügel auf der Berg-und Hofseite eine klar gegliederte Fassade. Zwei Grundfarben prägen das innere Raumkonzept: Die Räume des Fürsten sind rot, die der Fürstin grün gehalten.

Im Nordflügel, an den sich Wirtschaftsgebäude und der Marstall anschließen, sind die territorialherrschaftlichen Ministerien untergebracht. Auch hier gilt das seit Gotha bekannte Prinzip: Regieren und Residieren auf engem Raum, unter einem Dach. So interessant diese Lösung für die fürstliche Landesregierung und Verwaltung auch gewesen sein mag, es ist vor allem die anspruchsvolle Baugestaltung, die das Schloss Heidecksburg in Thüringen zu einem Denkmal von Rang erhebt.

Die wichtigsten Räume der alten Residenz werden heute als Museum genutzt. Sie zeigen neben ihrer beeindruckenden Architektur zahlreiche bemerkenswerte kunst- und kulturhistorische Sammlungen.

Als Krohne 1756 stirbt, endet auch die Blütezeit des Rokoko in Thüringen.

Vielleicht ist es da ein Zufall, dass ausgerechnet 1789 eine für die künftige Baugeschichte der thüringischen Herzog- und Fürstentümer nicht unbedeutende Festlegung getroffen wird: Das von einem verheerenden Feuer zerstörte Weimarer Residenzschloss Wilhelmsburg soll nach jahrelangem Ruinendasein wieder aufgebaut werden.

Kein Geringerer als *Johann Wolfgang von Goethe* gehört der eigens zu diesem Zweck gegründeten Schlossbaukommission an. Der Geheimrat wiederum gewinnt den Hamburger Architekten *Johann August Arens* für dieses Vorhaben. Dessen Tätigkeit dauert nicht allzu lange. 1797 übernimmt, wiederum durch Goethes Vermittlung, der Schweizer *Nikolaus Friedrich Thouret* das Amt des Schlossbaumeisters. Bereits 1800 folgt ihm darin der aus Preußen stammende *Heinrich Gentz*. Er gilt trotz seines ebenfalls nur kurzen Aufenthaltes in der Residenz an der Ilm als jener Baumeister, der dem klassizistischen **Weimar** als erster das entscheidende architektonische Gepräge gegeben hat.

Die Wirren der napoleonischen Kriege beeinträchtigen für geraume Zeit das weitere Baugeschehen.

Durch *Clemens Wenzeslaus Coudray* erhält es ab 1816 neue richtungsweisende Impulse. Der Oberbaudirektor ist anfangs mit kleineren herzoglichen, städtischen und privaten Bauvorhaben befasst, bevor ihm 1830 der Ausbau des Westflügels des Residenzschlosses übertragen wird.

Der Klassizismus lässt in Weimar noch einmal die durch *Kunz Krebs* und *Nikolaus Gromann* begründeten Beziehungen zwischen fürstlichem und bürgerlichem Baugeschehen aufleben. Eine Wirkung auf andere Residenzorte bleibt jedoch zu dieser Zeit schon weitestgehend aus.

Nur in **Meiningen** und Sondershausen sind annähernd zeitgleiche Umbauten an den Residenzschlössern festzustellen.

Die 1682 als Sitz der Herzöge von Sachsen-Meiningen ausgebaute **„Elisabethenburg"** hat vermutlich durch den vielbeschäftigten Baumeister *Christian II. Richter* seine deutlich an Gotha erinnernde dreiflügelige Form erhalten. Mitte des 18. Jahrhunderts erfolgen auf Veranlassung der *Herzogin Charlotte Amalie* erste Um- und Anbauten, denen unter *Herzog Bernhard II.* weitere folgen.

Herzog Georg II. bekannt als der „Meininger Theaterherzog", setzt diese Arbeiten im Inneren durch Veränderungen des ursprünglichen Raumkonzeptes fort, so dass die Erinnerung an die große Zeit der Thüringer Barockschlösser hauptsächlich auf die äußere Form beschränkt bleibt.

Sondershausen macht in dieser Hinsicht eine Ausnahme und dem Namen Ehre: Der Schlossturm, ein kemenatenartiger Wohnturm aus dem 14. Jahrhundert, gehört zu den ältesten Bauteilen der sehr eigenwillig gestalteten Vierflügelanlage. Ihr eher dreieckiger Grundriss ist durch den steilabfallenden Schlossberg bestimmt. Im 16. und 17. Jahrhundert zum Renaissanceschloss umgestaltet, haben dessen Formen kaum lange Bestand. Bereits 1689 bestimmt das Barock neue Baukonzepte, die mit überquellendem Stuckschmuck und entsprechender Malerei den Innenräumen Prunk und Glanz verleihen. Der Riesensaal und mehrere Räume im Ost- und Westflügel zeigen dies deutlich. Weitere bauliche Veränderungen folgen im 18. Jahrhundert. Die noch erhaltenen Renaissancekonturen werden nun von den verspielten Formen des Rokoko überdeckt. Und noch einmal soll das Schloss zur Baustelle werden. 1837 veranlasst *Fürst Günther Friedrich Carl II.* einen großzügigen Umbau, durch den das Schloss Sondershausen sein beeindruckendes klassizistisches Gepräge erhält. Verantwortlich dafür ist der Berliner Architekt *Carl Schepping*, der deutlich unter *Schinkels* Einfluss steht.

Rudolstadt: Schloss Heidecksburg (1737-1770)

Rudolstadt: Schloß Heidecksburg, Marmorgalerie (1743)

Rudolstadt:
Schloß
Heidecksburg,
Roter Saal (1743)

Rudolstadt:
Schloß
Heidecksburg,
Grünes Eckkabinett
(1755)

Weimar:
Residenzschloss
(1789-1803)
Ostflügel mit
Sternbrücke
(1651-1653)

Weimar:
Treppenhaus im
Residenzschloss

Weimar:
Festsaal im
Residenzschloss

Meiningen:
Schloss
Elisabethenburg
(1682-1692)

Sondershausen:
Residenzschloss
(1534-1771)

Sondershausen:
Residenzschloss
(1534-1771)

Sondershausen:
Marktplatz mit
Schlosswache
(1837-1839)

Weimar:
Park an der Ilm,
Goethes Gartenhaus
(1695-1699)

Aussenräume – Zwischenräume

Paradiesische Gefilde in Thüringen?

„Zwischen dem Thüringer Wald und dem Harz streckt sich ein schönes Land hin, worin herrliche Auen und Thäler mit Bergen, Hügeln und Höhenzügen abwechseln. Es läuft östlich bis zur Saale, westlich wird es durch den Höhenkranz umzogen, der der Ilm und der Unstrut mit ihren Nebenflüssen das Wasser giebt, von dem Dühn und Hainich, und gehört also zum Flußgebiet der Saale. Nur zwischen der Gera und der Unstrut dacht sich ein Theil dieses Landes, worin die Hörsel mit der Nesse fließt, zur Werra ab. Dies ganze Land ist das alte Thüringen, ein wahres Parkland, berühmt heut zu Tage, wie in jedem Jahrhundert, so weit seine Geschichte reicht."

Nun ja, wenn Wilhelm Harnisch 1827 sich beim „Frischen Morgenüberblick" nicht geirrt hat, war es in der Tat so. Doch so frisch der Blick am Morgen auch über das Land schweift, die zahlreichen Parks und Gärten hat der königliche Seminardirektor scheinbar übersehen.

Ist ihr Glanz vor der natürlichen Schönheit verblasst oder verschmelzen beide zu einem Ganzen, verbunden durch meisterhafte Gartenbaukunst?

Die Antwort ist sinnlich, sie heißt erleben!

Eisenach:
Kartausgarten
(1790-1802; 1844)

Parkanlagen lassen sich hören, riechen, fühlen und ansehen, zu jeder Jahreszeit, bei jedem Wetter. Immer sind sie ein Ort der Emotionen, zahlloser Histörchen und mindestens einer Geschichte. Sie soll auch durch die Gärten und Parkanlagen der Residenzen führen.

Wonach mögen wohl die mittelalterlichen Küchen- und Kräutergärten geduftet haben? Sie fehlen bei keiner Burg, an keinem Schloss. In den Städten werden sie oft zwischen mächtigen Mauerringen angelegt. Klostergärten sind für die hilfreiche Wirkung ihrer Heilpflanzen bekannt. Dass Kräuter- und Küchengärten letztlich einen botanischen Garten bilden, ist so häufig nicht. Wenn solche Anlage außerdem noch als Großherzoglicher Kartausgarten bekannt wird, kann es sich nur um den in **Eisenach** handeln.

Mit ihm beginnt, wenn man so will, die Geschichte der Schlossgärten und Parks in Thüringen. Und in der Tat ist er wohl der älteste dieser Art, denn seine Anfänge sind bereits im 14. Jahrhundert zu finden, als Mönche in ihrem Kloster einen Garten anlegten.

Zwischen 1694 und 1748 dient er als „herzoglicher Küchengarten", in dem neben Portulak, Ysop, Pimpinelle und Salbei auch rund 900 unterschiedliche Obstbäume zu finden sind.

An der Wende vom 18. zum 19. Jahrhundert veranlasst *Herzog Carl August von Sachsen Weimar-Eisenach* die Umgestaltung des Gartens. Fortan wird nach botanischen und „ästhetischen Gesichtspunkten" gepflanzt und gepflegt, sehr zum Vorteil der Anlage und zur Freude der Besucher. Die artenreichen Gehölze sind überschaubar und attraktiv geordnet, und durch die Gestaltung angrenzender Flächen öffnet sich der „Kartausgarten" zur nicht minder reizvollen Umgebung.

Die Wartburg, das wohl bekannteste Eisenacher Reiseziel, lässt sich auch über einen Weg erreichen, der am Karthausgarten vorbeiführt. Ein Bummel durch seine Quartiere stärkt für den Aufstieg oder entspannt nach dem Erleben der altehrwürdigen Bergveste.

Mehr Kraft und Zeit ist allerdings für den Weg zum nächsten Schlosspark nötig, denn der führt nach **Weimar**.

Matthäus Merian hat die ernestinische Residenz in Kupfer gestochen. Das Bild ist meisterhaft, die Ansicht des Ortes beeindruckend. Eine prächtige

Deli. Deß Canals
Gartens . zu

Weimar:
Der Fürstliche Lustgarten. Kupferstich (Ausschnitt) von Matthäus Merian (um 1650)

Weimar:
Park an der Ilm,
Ilmaue

Weimar:
Park an der Ilm,
Sternbrücke

Parkanlage ergänzt am rechten Ilmufer das fast filigran wirkende Schloss „Hornstein".

Schon 1510 wird von einem Lustgarten in dessen Nähe berichtet. Der Stadtplan von 1569 zeigt bei „Hertzog Johan Wilhelms Schlos" den Lustgarten mit der berühmten „Schnecke", einem ganz eigenwilligen hölzernen Turmbau.

Wesentlich jünger ist der herzogliche Park an der Ilm. *Herzog Carl August* und natürlich der Geheimrat *Goethe* zeigen, dass sie das „Wörlitzer Gartenreich" beeindruckt und Weimar vergleichbares nötig hat. Dafür bietet sich die Ilmaue an. Zwischen dem „Stern" und dem „Floßholz-Platz" entsteht am Ende des 18. Jahrhunderts eine großzügige Anlage, die den alten „Welschen Garten", die „Schnecke" und auch

Weimar-Ehringsdorf: Schloss Belvedere, Corps de Logis (1727-1728)

Goethes Gartenhaus mit einschließt. Das „Römische" und das „Tempelherren"-Haus setzen in der lieblichen Parklandschaft weitere interessante Akzente.

An denen mangelt es auch bei der „Schönen Aussicht" – dem **Schloss Belvedere** – nicht, das über die Belvedere-Allee schnell zu erreichen ist.

Im Schlosspark von Belvedere stellt sich natürlich die Frage, ob die Aus- oder Ansicht die schönere von beiden ist. *Gottfried Heinrich Krohne* und *Johann Adolf Richter* haben zumindest für die Ansicht gesorgt, denn 1724 werden beide mit der Errichtung eines Lustschlosses beauftragt.

Die Pläne dafür sind so einfach wie genial, sie berücksichtigen barockes Respräsentationsstreben genauso wie all die Annehmlichkeiten, die nun mal zu einem Lustschloss gehören. Dazu zählen Wirtschaftsgebäude, Küchengärten, Kavaliershäuser, eine Menagerie und eine Fasanerie. Für eine üppige Pflanzenpracht sorgen mit Taxushecken getrennte Quartiere und großzügig gestaltete Teppichbeete. In den Treibhäusern und der 1739 errichteten Orangerie finden Ananas, Pomeranzen, Zitronen-, Orangen-, Pfirsich- und Kaffeebäume ausgezeichnete Wachstumsbedingungen und Schutz vor dem etwas rauen Klima.

Weimar-Ehringsdorf:
Schloss Belvedere, Orangerie
(1726-1755)

Weimar-Tiefurt:
Schlosspark in der
Ilmaue

Weimar-Tiefurt: Schlosspark in der Ilmaue, Musentempel

Wechselnde höfische Interessen an der bemerkenswerten Schloss- und Parkanlage sind trotzdem nicht zu verhindern! Erst der Einfluss von *Maria Pawlowna* bewirkt, dass Belvedere wieder zum Ort der „schönen Ansicht" wird. Allerdings nun ganz im Geschmack der Zeit, nach englischem Vorbild, versehen mit dem Hauch romantischer Empfindsamkeit. Soviel Gartenbaukunst verlangt meisterliche Pläne und an denen hat *Hermann Fürst von Pückler* wohl keinen geringen Anteil. Selbstzufrieden stellt der Gartenkundige das fest und lobt sich und sein Werk denn auch genügend. Ob es in der Tat so gelungen ist, lässt sich am besten durch eigene Anschauung beurteilen.

Das gilt auch für den **Tiefurter Schlosspark**, vor allem, um dessen wundersame Wirkung zu erleben. Hat die Parkanlage ein Geheimnis? Sicher, aber das ist leicht zu ergründen: Der kräftig geschwungene Ilmbogen und die trotzdem eher ruhig wirkende Flusslandschaft verleiten zum Träumen. Ein idealer Ort der Besinnung, des sich Findens. Heute erst recht. Denn der von *Karl Ludwig von Knebel* entworfene Gartenplan nutzt geschickt die Vorzüge der stillen Ilmlandschaft. Das Resultat: Ein Landschaftsgarten in englischer Manier, den Wörlitzer und Muskauer Einflüsse vervollkommnen.

Das nahegelegene Schloss wird für *Herzogin Anna Amalia* der Ort, an dem *„Erhabenes zu verehren, Schönes zu genießen und Gutes zu wirken"* sei, meint der allgegenwärtige Geheimrat.

Tiefurt ist wohl von allen Weimarer Parkanlagen diejenige, die am natürlichsten wirkt. Auch das ist ein Teil ihres geheimnisvollen Zaubers. Dem kann man sich nur schwer wieder entziehen, es sei denn, der Weg führt aus der lieblichen Ilmaue über Bad Berka nach **Rudolstadt** in das Saaletal.

Auch dort erwartet ein einladend gestalteter Schlosspark seine Besucher. Freilich sind solche Möglichkeiten wie an der Ilm im Schlossgarten hoch über der Saale nicht gegeben. Der Bergsporn, auf dem die Heidecksburg errichtet worden ist, bietet wenig Raum für einen großzügig gestalteten Park.

Ein früher Hinweis auf eine Gartenanlage stammt aus dem Jahr 1550, aber erst zu Beginn des 17. Jahrhunderts wird über deren Aussehen Näheres bekannt.

Demnach gibt es zu dieser Zeit sogar zwei, nämlich den *„oberen"* und den *„unteren"* Garten. Sie unterscheiden sich in Form und Zweck. Im *„oberen Garten"* sind Beete zu finden, mit *„Spezereien und Gewächs"* besetzt. Der *„untere Garten"* dient eher dem Vergnügen, denn in ihm werden *„Schwippbögen"* und eine *„Rennbahn"* erwähnt. Der Barockgarten ist, wie um 1750 immer noch üblich, in Quartiere geteilt und mit einer Orangerie augestattet.

Rudolstadt:
Schloss
Heidecksburg

Doch bereits vierzig Jahre später weicht diese Pracht modernen Vorstellungen. Die Ideen der englischen Parkgestaltung geben nun dem Heidecksburger Garten Form und Raum.

Romantische Ergänzungen in Gestalt von künstlichen Ruinen und Säulenresten runden seit der Mitte des 19. Jahrhunderts das Bild ab. Dahinter wird das imposante Bergschloss zur eindrucksvollen Kulisse. Ein Blick aus dessen Fenstern lässt den Park als eigenständiges Ganzes erleben. Braucht das Schloss den Park oder ist es eher umgekehrt? – Auch in **Sondershausen**, dem nächsten Ort der Parkgeschichte(n), lässt sich die Frage so leicht nicht beantworten.

Noch dazu, wenn *„herrliche Obstpflanzungen jedes einzelne Dorf zu einem Lustwäldchen und die verschiedenen Gewächse, welche auf den Feldern ausgebaut werden dieselben in Gärten“* verwandeln. *„Der Thüringer hat alles, was Deutschlands Boden und Witterung erzeugen kann, und alles dicht beieinander.“* Ist dem nicht so, wird nachgeholfen, und damit auch das Rätsel gelöst, ob das Schloss denn unbedingt einen Park braucht. Natürlich! Warum sonst haben die Herren von Schwarzburg-Sondershausen bereits um 1550 Gärten anlegen lassen?

Einhundertfünfzig Jahre später werden sie nach französischer Fasson gestaltet. Der Duft exotischer Blumen und Blüten bringt so wenigstens einen Hauch von Versailles in die Provinz.

Zwischen Pomeranzen und Apfelsinenbäumchen ist die Frage nach dem Land, wo die Zitronen blühen, nicht ganz unberechtigt. Flüstert sie allerdings eine, zwischen Pflanztöpfen und Blumenkästen

Sondershausen: Schlosspark, links: Marstall (1847-1849) rechts: Achteckhaus (1709-1710)

Sondershausen: Schlosspark, Parkteich

versteckte Souffleuse, dann ist klar, in der Orangerie wird Theater gespielt! Selbst Garten-, Ton-, Dicht- und Schauspielkunst sind in Sondershausen „dicht beieinander". Eben typisch Thüringen! Sogar die Kräuter für die anspruchsvolle Hofküche haben in solchem Gartenreich ihren gebührenden Platz.

Wenig Raum gibt es dagegen für kühne Gartenbaupläne. So soll nach dem Willen des Gartenbauinspektors *Dr. Tobias Eckart* der Loh- zusammen mit dem Schlosspark einen „Volkspark in großen Verhältnissen" bilden. Der Plan, eher eine Vision, scheitert wohl auch an den kleinen Sondershäuser Verhältnissen. Trotzdem gelingt *Carl Eduard Petzold* das schwierige Unterfangen. Als Hofgärtner hat er in Weimar genügend Erfahrungen gesammelt. So wird Sondershausen in der Mitte des 19. Jahrhunderts für seinen vorzüglich gestalteten Schlossgarten bekannt.

Ob er allerdings mit dem **Altenburger** konkurrieren kann, sei dahin gestellt. Wo sonst ist noch eine über fünfhundert Jahre alte Eiche zu finden, die mit ihrer Knorrigkeit sogar an einen Prinzenraub erinnert?

Und in welchen Gartengefilden haben sich, außer in Altenburg natürlich, blutrünstige und rachedurstige Hussiten und wildentschlossene Kinderräuber versteckt?

Alles Mumpitz? Vielleicht. Tatsache ist jedoch, dass im späten 16. Jahrhundert von einem Lust-, Tier- und Küchengarten berichtet wird, der sich östlich an den Schlossbereich anschließt. Stellagen teilen den Lustgarten in Quartiere, die wiederum von einer eigens errichteten Wasserkunst das nötige Nass zur Pflege erhalten.

Rosen, Nelken, Salbei, Lavendel, Rosmarin, Buchsbaum, Lorbeer und anderes „welsches und fremdes Gewächs" brauchen davon nicht wenig. Auch der raffiniert angelegte Irrgarten mit seinen Hecken wird bedacht, von den rings um ihn blühenden Tulpen, Narzissen, Hyazinthen, Gladiolen und Iris ganz zu schweigen. Ist dieser Schlossgarten ein von zarten Duftwolken überzogenes Blütenmeer? Diese Vermutung gilt nur für eine kurze Zeit.

Doch zunächst scheitern die Pläne, die Anlagen nach französischem Vorbild umzugestalten. Altenburg fällt 1672 durch Erbteilung an Gotha. Aus der Haupt- wird eine wenig geliebte Nebenresidenz. Die Folgen sind selbst für den Garten schlimm. Der Hofgärtner wird samt aller interessanten exotischen Pflanzen nach Gotha beordert!

Erst mit der Herrschaft *Herzog Friedrich II.* beginnt der Schlosspark wieder aufzublühen und das nun in französischer Manier.

Zwei Boscagen, ein Lusthaus und mehrere Pomeranzenhäuser vervollkommnen um 1706 die großzügig gestaltetete Anlage. Bald werden auch an Stelle der älteren Gebäude das Teehaus und die Orangerie errichtet. Im Gewächshaus gibt es neben „Carduffeln", Kaffee- Orangen- und Zitronenbäumen auch Zedern und Lorbeer zu bewundern. Die Altenburger tun dies gern.

Altenburg:
Schlosspark mit Prinzenraub-Eiche

Altenburg: Schlosspark, Büste des Komponisten Richard Wagner (W. Arnold, 1960)

Rund einhundert Jahre später wird der Park unter Einfluss *Hans Wilhelm von Thümmels* zu einem englischen Landschaftsgarten umgestaltet.

Sein Aussehen hat sich bis zum heutigen Tag kaum verändert. Das Lindenau-Museum, die Herzogin-Agnes-Gedächtnis-Kirche und das Naturkundemuseum akzentuieren die ausgewogene Parklandschaft und betonen deren Attraktivität.

Solche Eindrücke lassen sich am besten mit gebührendem Abstand verarbeiten. Und den gewinnt man sowieso auf dem Weg zum nächstjüngeren Schlossgarten.

Das Ziel ist **Hildburghausen.**

„Unten an dem Schloß gegen Mittag zwischen der Werra ist der Schloßgarten angelegt./davon der eine Theil mit dreyen steinernen erhabenen Absätzen bis an die Mauer der Stadt erbauet/ der andere aber nechst diesen unten auf der Ebene angerichtet / und mit einem ziemlich breiten Wasser=graben/ worauf sich viele wilde Enten nehren/ umbgeben / jener aber mit Zeunen / Bethen / schönen Alleen und frembden Gewächsen / als Poemrantzen= und Citronen=Bäumen sc. ausgezieret / und dieser lauter Küchen=Gewächsen angefüllet / an vorermeldten obern Theile ist nechst dem Gärtner=Haus auch eine feine Grotte zu sehen / in welcher das auf allen Seiten heraussspringende Wasser ein angenehmes Brausen und Kühle verursachet."

Mit der vor dreihundert Jahren erschienenen Beschreibung wird die Erinnerung an den „Hildburghäuser Lustgarten" geweckt.

Der Park gleicht einem Rechteck, das ein kleiner Kanal umlaufend rahmt. Der alte Stadtgrundriss von Hildburghausen wiederholt sich fast in strengerer Form! Eine spätere Öffnung des barocken Gartens nach englischem Geschmack ist damit von vornherein verbaut. Trotzdem zeigt der „Hoch-Fürstliche-Lust-Garten" mehr als nur eine einfache Kopie französischer Vorbilder. Anstelle axialer Ausrichtung auf das Schloss ist dieses eher asymetrisch in die Parkgestaltung einbezogen.

Chronische Geld- und letztlich auch Raumnot führen dazu, dass erst am Ende des 18. Jahrhunderts an einer Umgestaltung des Lustgartens gearbeitet und dieser fortan als Irrgarten bezeichnet wird. Eine grundlegende Veränderung der Anlage bleibt dennoch aus. Allerdings beginnt damit ein Tod auf Raten. Mit jedem Eingriff verliert Hildburghausen etwas mehr von dem einst so bedeutenden

Hildburghausen:
links:
Schlosspark in der Werra-Aue
rechts:
Schlosspark, Denkmal für die Königin Luise von Preußen (1815)

Schlossgarten, der für die Gartenkultur in Thüringen große Bedeutung besessen hat. Geblieben ist ein wassergesäumter Park, der an den Glanz längst vergangener Zeiten erinnert.

Darüber mag der Anblick des **Gothaer Schlossparkes** hinwegtrösten. Schloss und Stadt haben *Herzog Ernst I.* viel zu verdanken, auch einen Wallgarten. Dass in seinen musterhaft gestalteten Beeten vor allem Kräuter- und Arzneipflanzen gedeihen, muss nicht sonderlich betont werden. Die lenkende und ordnende Hand des frommen Regenten ist auch hier zu spüren. Wo der Garten nicht hilfreich wirkt, belehrt er zumindest. Dazu sind einheimische Obstbäume, kultiviert und veredelt, genauso geeignet wie exotische Blumen, Stauden und Gehölze.

Unabhängig vom Schlosswallgarten wachsen in einem besonderen Küchengarten zahlreiche Pflanzen, die nicht nur zur Verfeinerung der herzoglichen Hofküche gedacht sind. Dafür stehen insgesamt zehn Quartiere zur Verfügung. Gothas Schlossgärten sind berühmt, ihre Pflanzen, Senker, Stecklinge und Samen an anderen Fürstenhöfen begehrt. Um 1710 kommt ein Barockgarten hinzu, der neben seinen Spalieren, Pavillons und auch mit einer künstlichen Grotte die Besucher erfreut.

Diese Gartenherrlichkeit hat in der Mitte des 19. Jahrhunderts ein Ende. Dafür wächst an deren Stelle der Verwaltungsdschungel mit all seinen schillernden Blüten der Bürokratie. Lianengleich wuchern Paragraphen wie Schlinggewächse in den Alltag der Residenzstadt. Sie bereiten keine Freude und erbauen kaum. Welch ein Tausch!

Doch auch dafür gibt es Ersatz und zwar in Gestalt des Orangeriegartens. Die östlich des Schlosses geplante und teilweise realisierte Anlage zeigt sich um 1750 in beeindruckend barocker Gestalt.

Der Grund dafür: *Gottfried Heinrich Krohne*, der bereits bekannte Landesbaumeister, hat sich des Vorhabens angenommen, allerdings mit für ihn unangenehmen Folgen. *Herzog Friedrich II.* mag den Baumeister nicht, wohl aber dessen ausgezeichnete Pläne und Ideen. Sie werden ohne ihn verwirklicht. Bestand

Gotha:
Schlosspark, Parkteich

Gotha:
Barockportal
am Eingang
zum Schlosspark

Gotha:
Schlosspark,
Orangerie
(1747-1774)

haben die genialen Anlagen mit Ausnahme des Treib- und Orangenhauses trotzdem nicht. Statt mit barocker Pracht eines Orangeriegartens schmückt sich die **Gothaer Residenz** durch ein Gefilde voller Blumen- und Pflanztöpfe, 3000 an der Zahl! In den herzoglichen Treibhäusern gedeihen unter solchen Bedingungen auch Pomeranzen, Feigen, Zitronen und selbst Ananas!

Zwischen dem Orangeriegarten, dem Schlosspark und dem Herzoglichen Park zieht der Leinakanal sein spiegelndes Band durch die grünen Gefilde. Sein Wasser fließt seit 1369 in die Brunnen der Stadt, zuvor aber unter mehreren Brücken hindurch. Die wiederum führen auch in den ältesten Thüringer Landschaftsgarten. Um 1780 wird er als Park des *Prinzen Friedrich* unter englischer Leitung angelegt. Damit nicht genug. Auch die Gehölze stammen aus britischen Gärtnereien. Der Plan ist so gut, dass selbst der ob seiner Gartenkunst und -kenntnis bekannte *Fürst Pückler* lobende Worte findet. Wer die Gothaer Anlagen durchwandert, wird ihn verstehen.

Solch bemerkenswerte Schlossgärten lassen die Vermutung aufkommen, dass die Thüringer Schlossgartenkultur ausschliesslich ein Verdienst der ernestinischen Herzöge und Fürsten, vor allem aber ihrer Gartenbaumeister sei. Dem aber ist nicht so.

Die Schwarzburger Beispiele von Rudolstadt und Sondershausen machen dies bereits deutlich. Und die Reußen stehen ihnen nicht nach.

So wird bereits um 1740 in der eher unbedeutenden Residenz **Ebersdorf** ein Schlossgarten mit Orangerie angelegt. Rund sechzig Jahre später setzt sich auch hier die englische Auffassung von einer naturnahen Parkgestaltung durch.

Sicher wäre der Garten trotz allem nicht so bemerkenswert, wenn nicht in ihm ein von *Ernst Barlach* gestaltetes Grabmal für die Reußen Platz gefunden hätte. Damit kann wiederum das reußische **Greiz** nicht aufwarten. Trotzdem lohnt sich der Weg an die Weiße Elster. An deren weitgeschwungenen Ufern wartet ein neues, bisher ungewöhnliches Parkerlebnis. Die Höhen rings um die Residenzstadt machen die Sicht auf den Schlossgarten möglich. Damit bieten sich überraschende An- und Einblicke, am eindrucksvollsten vom „Weißen Kreuz" in das Elstertal.

Mit einem Lustgarten beginnt auch die Greizer Parkgeschichte. Die barocke Gartenanlage wird um 1700 eingerichtet und durch eine Orangerie vervollständigt. Beide haben nicht allzu lange Bestand. Das Orangenhaus muss dem Sommerpalais weichen, der Lustgarten 1799 einem verheerenden Hochwasser. Wenn in einer Zerstörung auch die Chance für einen Beginn liegt, dann haben die Greizer Reußen diese sehr schnell erkannt und genutzt. Das Ergebnis: Ein großzügig gestalteter Landschaftsgarten, der vom und mit dem Wasser lebt. Der ehemalige Binsen- und heutige Parkteich wirkt wie ein riesiger Opal im Grünen, seitlich gefasst vom silbernen Band der Weißen Elster.

Greiz-Ebersdorf:
Grabmal des Fürsten
Heinrich XXVII. von
Reuß j.L.
von Ernst Barlach
(1936)

Meiningen: Schlosspark

Erstaunlich ist die geringe Größe des Greizer Schlossparks, die sich kaum so wahrnehmen lässt. Das Areal umfasst nur rund 40 Hektar. Seine Einbettung in die abwechslungsreiche Flusslandschaft löst in wunderbarer Weise Grenzen und Konturen auf.

Als mit dem Bau der Eisenbahnstrecke nach Gera ein fragwürdiger Eingriff in die ausgewogene Gartenarchitektur droht, schafft ein Tunnelbau die nötige Abhilfe. Eisenbahnlärm, Qualm- und Dampfwolken vertragen sich eben nicht sonderlich gut mit einer englischen Parklandschaft!

Auch in **Meiningen** denkt zunächst niemand an den dröhnenden Rhythmus eines anbrechenden Industriezeitalters, als um 1780 ein „Englischer Garten" angelegt wird. *Johann Wolfgang von Goethe* kann sich über diesen Park einige weniger freundliche Bemerkungen nicht verkneifen. Das anhaltinische Wörlitz lebt indes die neue Gartenmode vor und der so kluge Weimarer Kritiker verfällt letztlich selbst deren Reiz. Wen wundert es da, wenn man auch in Meiningen fleißig kopiert und abkupfert. Das Blaue Haus, die Eremitage, der Große Teich mit seiner von Pappeln bestandenen Insel und der Tempel der Harmonie zeigen die gedankliche Nähe zum Wörlitzer Gartenreich. Meiningen besitzt nun ein eigenes und wird auch dadurch seinem Ruf als Musenhof gerecht. Künstliche Ruinen, Denkmäler, Statuen bereichern den Park, der sich durch ein überschaubares Wegesystem mit reizvollen Blickachsen erschließt. Schwieriger ist da schon eine optische Verbindung zum Schlosspark an der Werra. Diese Anlage entsteht bereits um 1700 als Barockgarten und ist demzufolge auch mit Pavillons, einer Fontäne und vor allem einem Weinberg und Hopfengarten ausgestattet, welche allerdings samt zweier Lusthäuser am jenseitigen Werraufer liegen.

Doch auch hier hat die englische Parklandschaft die barocke Gartengestalt überformt. Wenn die Pläne dazu von *Peter Joseph Lenné* stammen, ist dies wohl mehr als ein gleichwertiger Ersatz.

Für einen Gang durch die Park- und Gartenanlagen der Thüringischen Residenzen gibt es den wohl kaum. Denn die Wanderung lässt die „Gartenreiche" als eigenständigen Raum am Schloss erleben. Sie schafften häufig Abstand zur Stadt. Doch so wie diese wächst, rückt das Schloss immer mehr in deren Mitte. Nun verbindet der Park. Seine romantischen Wege führen so auch in quirlige Stadtzentren.

Greiz: Sommerpalais (1779-1789)

Gera:
Küchengarten,
Orangerie
(1729-1732)

Gotha:
Rathaus, ehemaliges
städtisches Kaufhaus
(1566-1574)

Bürgerstolz und Bürgerrecht

Die Thüringer Residenzstädte sind ein Phänomen. Ihr Zentrum ist nicht das Residenzschloss. Wege und Alleen, die wie Strahlen daraufzuführen, sucht man vergebens. Versailler Maßstäbe haben an diesen Orten keinen Raum. Stattdessen überrascht ein fast noch mittelalterliches Gewirr von Strassen, Gassen und Plätzen mit eigenem Mittelpunkt, dem Markt.

Deutlich wird: Die Residenz bedarf der Stadt. Doch diese, groß genug, braucht kaum den herrschaftlichen Glanz.

Und in der Tat, Erfurt, vor allem aber die Reichsstädte Mühlhausen und Nordhausen, gedeihen aus eigenem Vermögen.

Freilich, kleine Städte, und davon gibt es genügend, bleiben ohne fürstliche Nähe auf Dauer unbedeutend.

Schafft das unmittelbare Visavis zum Residenzschloss stadtfördernde Kräfte? Ohne Zweifel. Altenburg, Coburg, Eisenach, Gera, Gotha, Weimar, Rudolstadt und Sondershausen sprechen dafür. Wo aber liegt das Besondere der Residenzstädte?

Zum einen natürlich im ständigen Regierungssitz des Landesherren, zum anderen in einer besonders engen Bindung von Handel und Gewerbe an die Residenz. Außerdem spielen bürgerliche Bildung und Kultur eine entscheidende Rolle. Entsteht aus alldem ein Geflecht von Beziehungen und Abhängigkeiten, so ist die Residenzstadt vollkommen. Ihr Zweck: Die existentielle Sicherung des Hofes.

Ihre Chance: Eine eigenständige städtische Kultur, die trotzdem nicht frei von höfischen Einflüssen ist.

So zeigt sich die Residenzstadt als mannigfaltige Ergänzung des Schlosses. Zwischen Werra und Pleiße wird dies besonders deutlich, zeitweise sogar in zwanzig Orten.

ALTENBURG

Ein kaiserlicher Plan

Altenburg: Kupferstich von Matthäus Merian, um 1650 (Ausschnitt)

Die Anfänge des Ortes führen bis ins frühe 12. Jahrhundert, als vermutlich zeitgleich mit dem Ausbau der Kaiserpfalz zunächst eine kleine Marktsiedlung am Brühl entstand. Eine bereits bestehende slawische Ortschaft bleibt vor dem Mauerring und lange Zeit von der Stadtentwicklung ausgeschlossen.

Kaiser Friedrich I. Barbarossa, auf eigene Macht und Größe bedacht, gewährt diese der aufstrebenden Stadt. Das Strassen- und Gassennetz, die Marktplätze, der Nikolaiturm, die romanische Krypta der St. Bartholomäikirche und die „Roten Spitzen“ – Reste einer um 1165 erbauten Stiftskirche – erinnern an verheißungsvolle frühe Jahre. Spätestens um 1192 ist mit der Reichsstadt Altenburg zu rechnen, in der häufig deutsche Könige und Kaiser zu Gast sind. Ein Platz ganz nach ihrem Geschmack – sowie der Markgrafen von Meißen! Sie mögen das Pleißenland und dessen Hauptort – für sich, und erhalten ihn. Zunächst als Pfand, ab 1307 als Eigen, dass sie oft auch für längere Zeit als Aufenthaltsort beim Regieren „aus dem Sattel und aus der Kutsche“ nutzen. Altenburg teilt mit zahlreichen anderen Städten in Sachsen und Thüringen das Schicksal wechselnder Reiseresidenzen. Ab 1531 bevorzugt der sächsische Kurfürst Weimar, seine „lieben und getrewen Altenburger“ haben das Nachsehen. Trotzdem finden 150 von insgesamt 3000 Einwohnern im Schloss Lohn und Brot. Getreidehandel, ein kräftig genutztes Braurecht, artenreiches Handwerk und selbst Land- und Gartenwirtschaft verhelfen der Stadt zu relativem Wohlstand und einem überaus prachtvollen Renaissance-Rathaus.

Als 1603 das Herzogtum Sachsen-Altenburg ältere Linie gegründet wird, sind neben den Hofbarbieren, Hofschmieden, Hofgoldschmieden, Hofböttchern, Hofbäckern, Hofbuchdruckern, Hofmusikern und Hoforganisten noch rund sechzig weitere Berufe in der Stadt zu finden, die direkt mit der Residenz verbunden sind.

Auf das Stadtbild hat diese Entwicklung allerdings nur bescheidenen Einfluss. Der Dreißigjährige Krieg lähmt jedwede Bautätigkeit, seine Folgen sind noch lange nach Friedensschluss spürbar. Erst mit

Altenburger Stadtgeschichte(n): „Herr Johann Andreas Eißenbarth, Oculist, Stein- und Bruchschneider allhier, Herrn Matthias Eisenbarths auch Oculistens, Stein- und Bruchschneiders zu Regensburgk nachgelaßener Sohn, und Jungfer Catharina Elisabetha, Herrn Johann Heinickens Oculisten, Stein- und Bruchschneiders allhier verbl. Tochter, sind Donnerstag, den 16. September (1668) in der Brüderkirche copulieret...“

Altenburg: Markt mit Rathaus (1562-1564)

Altenburg: Nikolaiturm (12. Jh.)

Beginn des 18. Jahrhunderts erhält Altenburg ein bürgerlich-barockes Gepräge, das teilweise noch heute erhalten ist.

Zu dieser Zeit bestimmen bereits die Herzöge von Sachsen-Gotha die Geschicke der Stadt, vor allem zum Vorteil ihrer stark angeschlagenen Wirtschaft. Dem wirtschaftlichen Aufschwung folgt der geistige. 1742 wird die Freimaurerloge „Archimedes zu den drei Reißbrettern" (Johannesgraben) gegründet. Eine „Koncert-" und „Literarische Gesellschaft" folgen. 1785 öffnet das bürgerliche Komödienhaus seine Pforten (Pauritzergasse). Und am Anfang des 19. Jahrhunderts bildet das Haus des *Commerzienkommissars Reichenbach* das geistige Zentrum der Stadt. Kein Wunder, die „vier schönen Schwestern Reichenbach" üben ihren eigenen Zauber aus. Dem können sich auch *Clemens Brentano, Theodor Körner, Friedrich Arnold Brockhaus, Johann Friedrich Pierer* und *Carl von Clausewitz* nicht entziehen.

Altenburger Stadtgeschichte(n): „In (Altenburg !) gibt es gebildete Frauen und Töchter, die mit Anteil von den Weltbegebenheiten sprechen und die Männer beschämen." schreibt 1813 der preußische General von Clausewitz in einem seiner Briefe aus Altenburg

Gerade zu typisch für das geistig-kulturelle Klima in den thüringischen Residenzstädten ist das sich rasch entwickelnde Druck- und Verlagswesen. In Altenburg verlegt *Pierer* sein bekanntes Universallexikon und druckt *Heinrich Heine*. *Brockhaus* gibt mitten in den Wirren der antinapoleonischen Befreiungskriege die „Deutschen Blätter" – die erste bürgerlich-liberale Zeitschrift – und das bekannte Conversationslexikon heraus. Als 1826 die Stadt nach ernestinischer Erbteilung erneut Residenzort wird, sind die Kriegsspuren und -folgen verwischt und überwunden, eine Idylle gibt es dennoch nicht zu bewundern. An ihrer

Altenburg: Krypta der St. Bartholomäikirche (um 1150)

Stelle wird eine eher ungewöhnlich rasche Industrialisierung spürbar. Ein frühzeitiger Anschluss an das Eisenbahnnetz (1842), die Gründung zahlreicher Fabriken und der beginnende Braunkohlenbergbau im Umland haben daran erheblichen Anteil.

Das geistige Klima der Stadt beeinflusst in dieser Zeit *Bernhard August von Lindenau*. Sein politisches Wirken, vor allem aber sein Mäzenatentum, bleiben in Altenburg nicht nur in dieser Zeit eine Ausnahme.

Für die moderne Residenzstadt des 19. Jahrhunderts sind neben anderen zahlreiche Verwaltungsneubauten typisch. Ihre Formen werden vor allem von Neostilen und vom Historismus geprägt. In kurzer Folge entstehen zwischen 1850 und 1914 in Altenburg das Landgericht, das „Neue Ministerium", das herzogliche Hoftheater, das Lindenau-Museum, der Bahnhof, die Herzogin-Agnes-Gedächtniskirche und das Naturkundemuseum Mauritianum.

Ein ungebrochener Fortschrittsglaube findet auch 1911 durch die Einrichtung eines Flugstützpunktes seinen Ausdruck. Der herzogliche Marstall wandelt sich zur selben Zeit zur Kraftwagenhalle. 1914 knattern durch das kleine Herzogtum bereits 291 Kraftwagen und 108 Motorräder.

Als *Herzog Ernst II.* am 13. November 1918 von den Regierungsgeschäften zurücktritt, endet auch Altenburgs wechselvolle Geschichte als Residenzstadt, zu sonderlichem Glanz hat es dabei selten gereicht.

Altenburg:
ehem. Augustiner-Chorherrenstift –
„Rote Spitzen“
(1165-1172)

Altenburg:
Ehemaliges
Ministerium
(1892/95)

Altenburg:
Links:
Lindenau-Museum
(1873-1876)
Rechts:
Bahnhof
(1876-1879)

WEIMAR

Goldene und silberne Zeiten

Weimar ist die Ausnahme unter den Thüringer Residenzstädten. Die Geschichte des Ortes beginnt statt bei blaublütigen Regenten schon mit kannibalischen Ureinwohnern. Vor 200 000 Jahren war das so ungewöhnlich nicht. Erst recht, wenn sich derlei Mahlzeiten an „heiligem Wasser" ereignen. Altsächsisch wird solches „Wihmari" genannt, allerdings zu einer Zeit, in der man nicht mehr seine Nächsten auffrisst. 899 erscheint der Name zum ersten Mal, an eine Residenz und eine Stadt ist noch lange nicht zu denken. Erst um 1150 kann mit einer kleinen Siedlung gerechnet werden, die ohne Zweifel zur Versorgung der wesentlich älteren Burg der Grafen von Weimar herhalten muss. Ab 1373 bestimmen die Markgrafen von Meißen die Geschicke der noch immer eher ländlichen Siedlung. Bis 1407 haben die Weimarer nämlich Frondienste zu leisten und sogar erst drei Jahre später wird ihnen das Stadtrecht verliehen.

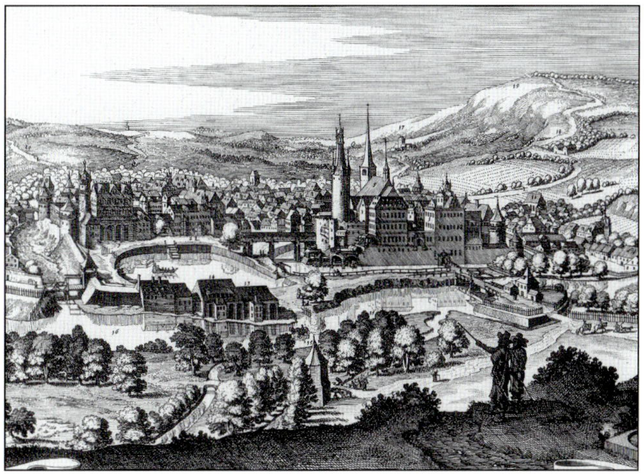

Weimar: Kupferstich (Ausschnitt) von Matthäus Merian (um 1650)

Mag sein, dass *Herzog Wilhelm der Tapfere* das „typisch Thüringische" in Weimar entdeckt hat. Er mag die Stadt, von deren Bratwürsten schon 1433 berichtet wird, und residiert (vielleicht auch deshalb) als erster Wettiner in der Burg Hornstein nahe der nun allmählich aufblühenden Stadt. Ihm folgt darin *Herzog Johann der Beständige* zwischen 1513 und 1525. Getreu seines Namens verhilft er als Kurfürst dem Ort zur Würde einer Residenzstadt auf Dauer und verleiht ihm Glanz, der allerdings nicht lange Bestand hat.

Wirtschaftliche Miseren, der Dreißigjährige Krieg mit seinen unmittelbaren und mittelbaren Folgen und vor allem die Regentschaft der *Herzöge Wilhelm Ernst von Sachsen-Weimar* (1662-1728) und *Ernst August I.* (1728 - 1748) nehmen den rund 3 000 Einwohnern einen großen Teil ihrer bürgerlichen Selbstständigkeit. Auch das musische Klima leidet unter solchen Verhältnissen. Nach neunjährigem Wirken verlässt Weimars berühmtester Organist 1717 enttäuscht die Stadt an der Ilm. *Johann Sebastian Bach* hat vergeblich auf Wertschätzung und berufliche Anerkennung gehofft.

Der Absolutismus zeigt sich in Weimar auf wenig förderliche Weise.

Kritik an Herzog und Hof, Schimpfen und Räsonieren ziehen, genauso wie der Versuch, sonntags die Stadt zu verlassen, empfindliche Zuchthausstrafen nach sich. Auch das „Tabak trinken" ist in der Öffentlichkeit verboten und wie alle „Vergehen" zur Anzeige zu bringen. Das Denunziantentum hat Hochkonjunktur! Versuche der herzoglichen Regierung, die nahezu am Boden liegende städtische Wirtschaft durch Manufakturgründungen zu beleben, scheitern ebenso an der starren Haltung der Zünfte, wie auch 1715 die langfristige Ansiedlung von 200 Hugenotten. Den Exulanten wird freie Religionsausübung, eine eigene Gerichtsbarkeit sowie Gewerbe- und Steuer-

Weimar: Ehemaliges Stadthaus/Kaufhaus (1526 -1547)

freiheit für 15 Jahre zugesagt. Schon nach zwei Jahren haben die „Neuweimaraner" die dumpfe spießige Enge des Ortes verlassen, der 1750 sogar zwangsverwaltet werden muß.

Erst unter der Regentschaft von *Herzogin Anna Amalia* (1759-1775) und deren Sohn *Herzog Carl August* (1775-1815/1828) verändern sich die Verhältnisse. Bereits 1772 kommt *Christoph Martin Wieland* in die allmählich wieder attraktiver werdende Residenzstadt an der Ilm, 1775 nimmt in ihr *Johann Wolfgang von Goethe* seinen Dienst auf, ein Jahr später folgt Johann *Gottfried Herder*, 1799 *Friedrich von Schiller*.

Zu dieser Zeit nennen 300 Handwerker und Gewerbetreibende ein Haus ihr Eigen, 100 sind im Besitz herzoglicher Beamter. In der Stadt werden insgesamt rund 700 Wohnhäuser gezählt.

Coudray-Bauten: Rotes Schloss - Holzhallen, Bauhaus-Museum, Hauptwache, Torhäuser (Frauenplan 5, Erfurter Strasse), Wohnhaus Heinrich-Heine-Str. 12/14

Bedeutende baugeschichtliche Zeugnisse aus jenen Jahren sind das Posecksche (Humboldtstr. 11) und das Bertuch-Haus (Karl-Liebknecht-Str. 5-9). Die „Goethe-Zeit" hat ihren eigenen Baumeister, *Wenzeslaus Coudray*. Er schafft die Form des klassizistischen Weimar, die großen Geister der Stadt sorgen für deren Inhalt.

1820 werden in der nunmehr großherzoglichen Residenzstadt 275 Verwaltungsbeamte, 238 Hofbedienstete, 76 Künstler am Hoftheater, 485 Handlungs- und Gewerbetreibende, 56 Kaufleute und Händler, 106 Bedienstete und 564 weibliche Bedienstete gezählt. Der Geheimrat *Goethe* wird indes von keiner Statistik erfasst.

Nach dessen Tod wirkt Weimars Ruf als Stadt der Dichter und Denker zwar fort, doch fehlt ihm das inspirierende Feuer des genius loci. Dennoch bringt auch die „Silberne Zeit" neue Impulse, vor allem in der Musik und bei den bildenden Künsten. Ab 1842 weilt *Franz Liszt* an der Ilm, 1860 wird die alsbald berühmte Kunstschule gegründet.

Von der industriellen Revolution bleibt die Musenresidenz nahezu unberührt und dies trotz eines relativ frühen Anschlusses an das Eisenbahnnetz. Davon profitiert indes der allmählich aufkommende Fremdenverkehr. Die Residenzstadt wird beliebtes

Künstler in Weimar: Arnold Böcklin, Reinhold Begas, Graf von Kalckreuth, Max Liebermann, Christian Rohlfs, Wassily Kandinsky, Paul Klee, Lyonel Feininger, Walter Gropius

Weimar: Schloss, Hausmannsturm und Bastille mit Renaissanceportal von Nicolaus Gromann

Andere über Weimar:
1817 ist in der Augsburger Allgemeinen Zeitung zu lesen:
„Seit 30 Jahren ist Deutschland gewohnt gewesen, seine Gesetze des Schönen vonWeimar zu empfangen, und es hat sich dabei wohlbefunden."
„Ausserdem machen die an sich agreable Situation gesunde Luft, recreation und Nutzen schaffende Garten, fruchtbare Felder und Wiesen, recht charmante Spaziergänge, mit Linden beschattete Alleen, umliegende Lustwälder, vorbeiströmender Ilmfluß und dergleichen diese Gegend fast zu einem irdischen Paradies."

Weimar:
Rathaus (1837-1841),

Seit fast zweihundert Jahren:
Traditioneller Zwiebelmarkt

Weimar:
Schillerhaus (1777)

Van de Velde Bauten:
Haus Hohe Pappeln, Haus Dürckheim, Haus Henneberg, Hochschule für Architektur, Gropius-Haus: Musterhaus des Staatlichen Bauhauses Weimar

Weimar:
Bauhaus-Universität (1904-1906)

Reiseziel und nicht nur das. Schon um die Jahrhundertwende und vor allem in den folgenden Jahrzehnten erfasst ein Strudel turbulenter Ereignisse den bis dahin eher ruhigen Ort: *Harry Graf Kessler* bemüht sich um das Kulturleben der Stadt, *Henry van der Velde* gründet 1902 die Kunstgewerbeschule, aus der 1919 das Bauhaus hervorgeht.

Im November 1918 endet die Geschichte der Großherzoglichen Residenzstadt, drei Monate später nimmt in Weimar die **Deutsche Nationalversammlung** ihren Sitz.

Ab 1920 ist Weimar Hauptstadt des Landes Thüringen und bleibt dies auch bis 1948. Unübersehbar sind die Bauzeugen der NS-Zeit. Mitten im Stadtzentrum erhebt sich die klotzige Architektur des Gau-Forums, teilweise umgeben von einer ebenso seelenlosen Architektur aus den Jahren der DDR.

Weimar hat viele Gesichter. Das interessanteste ist wohl jenes, das zwischen 1531 und 1918 geprägt wurde. In seiner Art ist es – auch unter den übrigen Thüringer Residenzstädten – eine Ausnahme.

Das wird auch beim Weg über Saalfeld nach Coburg deutlich.

SAALFELD...
... und das „Berkgeschrey“

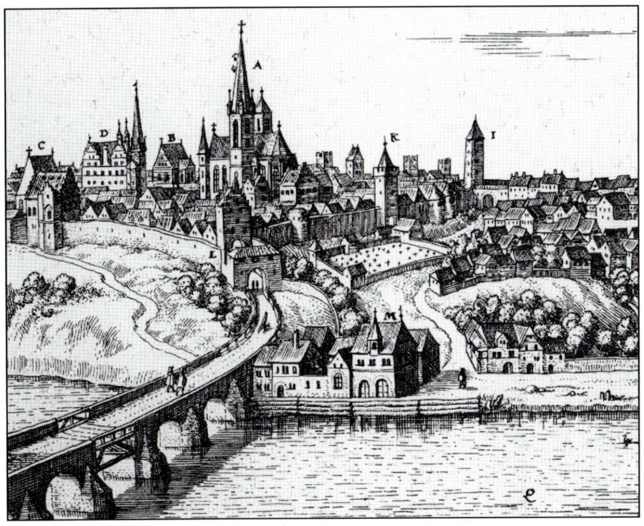

Saalfeld:
Links:
Kupferstich (Ausschnitt) von Matthäus Merian (um 1650)
Rechts:
Rathaus (1529-1537)

Salauelda, der Ort am fließenden Wasser, ist seit 899 bekannt und erfreut sich im Mittelalter des Interesses der Erzbischöfe von Köln und des *Kaisers Barbarossa*. Die Markgrafen von Meißen stehen ihnen nicht nach und sind dabei erfolgreicher. 1361 kommt Saalfeld in ihren Besitz.

Alsbald beginnt vor den Toren der Stadt ein recht gewinnbringender Abbau auf Eisen-, Kupfer- und Silbererz. Das „Berkgeschrey“ lockt Bergmänner und Hüttenleute an, 1549 erlangt Saalfeld sogar die Bergfreiheit, ein Recht, das man eher von den Städten im Erzgebirge kennt. Und bei solchen Ehren bleibt es in Saalfeld nicht allein. Die vielfachen Erbteilungen der Ernestiner führen letztlich dazu, dass der Ort von 1680 bis 1735 Residenzstadt der Herzöge von Sachsen-Saalfeld wird.

Die Regenten lassen zwar während ihrer rund fünfzigjährigen Herrschaftszeit auf dem Gelände eines ehemaligen Benediktinerklosters ein barockes Residenzschloss errichten, eine Residenzstadt, vergleichbar mit Weimar oder Coburg, wird Saalfeld dennoch nicht. Zu kurz ist die Zeit, in der von Saalfeld aus regiert und in der Stadt residiert wird.

Ganz anders sieht es in diesem Fall in Coburg aus. Beide Städte verbindet nicht nur eine mehr als fünfhundertfünfzigjährige „sächsische“ Geschichte, auch alte Handelswege führen seit dem Mittelalter von Ort zu Ort.

Saalfeld:
Links:
Die Feengrotten – ein ehemaliges Bergwerk
Mitte:
Markt mit romanischer Stadtvogtei (1180) – heute Marktapotheke, dahinter St. Johanneskirche
Rechts:
Historische Gaststätte „Das Loch“

COBURG

Der Traum von der Universitätsstadt

Als Coburg noch „Trufalistat" hieß, war weder an wettinische-sächsische Stadtherren noch an deren Residenz zu denken. 1075 wird der Ort so genannt, 1182 berichtet eine Urkunde von Coburg. Bürgergemeinde, Stadtrecht, Stadtmauer und Stadtsiegel sind im frühen 13. Jahrhundert vorauszusetzen. 1331 gilt Coburg als freie Stadt nach Schweinfurter Vorbild: Die Coburger üben sich in Selbstverwaltung und wahren ihre Rechte, unabhängig vom Landesherren!

Das mag, wenn diese in Meißen und andernorts zwischen Elbe und Werra reisen und regieren, ab 1353 nicht sonderlich schwer sein. Vilelleicht ist dies auch eine Ursache dafür, dass die Stadt durch eine vorzügliche mittelalterliche Werksteinarchitektur auffällt. Bekannt dafür sind die Steinerne Kemenate, die Hofapotheke, das kleine Rat- und Kaufhaus und das Gasthaus „Zum Goldenen Kreuz".

Dem baulichen Glanz fehlt indes noch die Glorie der Residenz, die allerdings auch mit *Herzog Johann Ernst* (1542 bis 1553) ein neues Licht auf Coburg wirft. Die Stadt erhält anstelle eines Klosters ein Residenzschloss! In ihm wird nach mehrjähriger Unterbrechung erneut zwischen 1586 und 1633 regiert und residiert. Sichtbares Zeichen dafür: Die herzogliche Kanzlei am Markt, direkt gegenüber dem Rathaus. Von zwei prächtigen Erkern flankiert, zeigt sich hier Coburger Baukunst von der feinsten Art. Damit in derlei Verwaltungsgebäuden nur kluge Köpfe zu finden sind – meint und hofft man zumindest – mag wohl auch 1601 Anlass für die Gründung des Gymnasium academicum (Casimirianum) gewesen sein. Es ist der leider gescheiterte Versuch, Coburg in den Rang einer Universitätsstadt zu erheben.

Nach fast fünfzigjähriger Pause wird Coburg von 1680 bis 1699 abermals Residenzstadt und bleibt dies endgültig ab 1735 ohne weitere Unterbrechung bis 1918.

Coburg: Stadthaus (1597-1599)

Als Folge der neuen Hofhaltung bestimmen allmählich barocke Bauformen das Aussehen der Plätze, Straßen und Gassen.

Coburg, der eher beschauliche, von äußerem soliden Glanz geprägte Regierungsort, wird im 19. Jahrhundert weniger durch seine Industrialisierung bekannt als durch das Streben nach einer Reichs-Einigung. 1860 findet in der Stadt die 1. Generalversammlung des Deutschen Nationalvereins statt. Im Spiegelsaal von Versailles erinnert sich *Kaiser Wilhelm I.* mit dankbaren Worten.

Auch in den Folgejahren zeigt sich, dass Coburg immer wieder bemüht ist, der Feststellung gerecht zu werden, dass „Coburgum est Centrum totius Germaniae"– Coburg (...) der Mittelpunkt ganz Deutschlands (ist). Mittlerweile scheint dies wieder nicht ganz unstrittig. Doch in dem Maße, wie der Ort in das geografische Zentrum gerät, wird er geschichtlich immer mehr daraus verdrängt.

Daran ändern weder der Europäische Fürstentag noch der Aufenthalt von *Johann Strauß* etwas. Der Wiener Walzerkönig versucht in Coburg seine Eheprobleme zu klären, beim Fürstentag geht es um ein friedliches Auskommen der gekrönten Häupter untereinander. *Strauß* gelingt es, den Fürsten nicht. Voller Ärger stellen die Wiener heute noch fest, dass *Johann Strauß*, wieder glücklich verheiratet, 1899 als Coburger Bürger in seiner fränkischen Wahlheimat stirbt. Nur noch zwei Dezenien soll es dauern, bis auch die 565 Jahre währende Geschichte der Residenzstadt Coburg endet. – Seit 1920 gehört der Kreis Coburg durch Volksentscheid zu Bayern.

Coburg:
Hofapotheke

HILDBURGHAUSEN
Das Zwischenspiel

In Hildburghausen kann man nur auf knapp eineinhalb Jahrhunderte herzoglicher Regentschaft zurückblicken.

Zwischenspiele gehören, zumindest in der Musik zu den „Charakterstücken", die in der Regel heiteren, auch komischen Charakter haben. Sieht man in Hildburghausen auf die Jahre von 1684 bis 1826, so sind sie vielleicht auch nur eine Episode, die heiter, des Komischen nicht entbehrt.

Wo sonst findet sich im Regierungsgebäude einer herzoglichen Landesverwaltung eine renommierte Buchhandlung, während zur selben Zeit auf kaiserlichen Erlass eine Schuldenkommission die völlig zerrütteten Staatsfinanzen ordnen muss?

Das Regierungsgebäude (Markt) hat diese Turbulenzen überstanden , das Schloss den 2. Weltkrieg indes nicht. Überhaupt erinnert wenig an die Herzöge von Sachsen-Hildburghausen. Auf zwei bedeutende Bürger der Stadt weisen dagegen das ehemalige Bibliographische Institut (Obere Marktstrasse/Knappengasse) und die Bürgerschule (Obere Marktstrasse 46) hin. Das eine, als Sitz eines herzoglichen Kanzlers erbaut, beherbergt von 1828 bis 1874 den berühmten Verlag von *Carl Joseph Meyer*. Das andere erinnert an *Carl Ludwig Nonne*, einen Schüler Pestalozzis, der sich um das Schulwesen im Herzogtum Sachsen-Hildburghausen bemüht und verdient gemacht hat. Ob sein Versuch, mit der viel beachteten „Dorfzeitung" sittlich auf die ländliche Bevölkerung einzuwirken, tatsächlich Erfolg hatte, sei dahin gestellt. Ein Hildburghäuser „Intermezzo" war es allemal. Davon gab es wohl auch am herzoglichen Hoftheater genug, jener Stätte, die Hildburghausen vielleicht am intensivsten mit Meiningen verbunden hat.

MEININGEN
Die Tempelritter und der freundliche Herzog

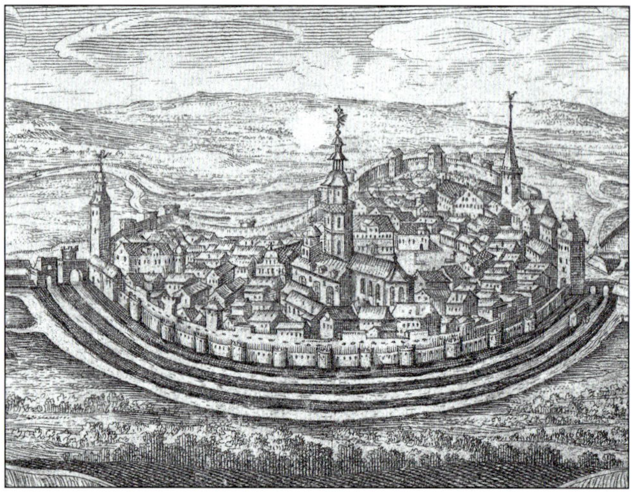

Meiningen: Kupferstich (Ausschnitt) Güthsche Chronik (1676)

Meiningen ist die liebenswürdigste aller Thüringer Residenzstädte.

Am Anfang ihrer Geschichte herrschen Aufregung und Wirrwarr, am Ende verbreiten Harmonie und Geist eine unverwechselbare Atmosphäre. Das muss wohl auch so sein am Ort der Verwandten, wie der Name Meiningen aus dem Altsächsischen zu deuten ist. Die jüngere Siedlungsgeschichte lässt fränkischen Besitz ahnen und kaiserlich-sächsischen erkennen, dem bischöflich-würzburgischer folgt.

Im 12. Jahrhundert entsteht die Stadt Meiningen am Drachenberg als eine Niederlassung der Tempelritter.

1344 verleihen die Bischöfe von Würzburg den Meiningern das Stadtrecht nach Schweinfurter Vorbild, freilich ohne jene Großzügigkeit, die den Coburgern relative Freiheit und Unabhängigkeit geboten hat.

Auch die Wettiner, seit 1583 Stadtherren an der Werra ändern daran nichts. Doch – oh Wunder! – rund ein Jahrhundert nach der Leipziger Teilung verwalten Albertiner und Ernestiner die südthüringische Stadt gemeinsam, natürlich nur bis zur nächsten Teilung. Die wiederum schafft ab 1660 neue Besitzverhältnisse. Meiningen gehört nun den Ernestinern allein und erlebt innerhalb von zwanzig Jahren drei verschiedene sächsische Stadtherren: den Herzog von Sachsen-Altenburg, den Herzog von Sachsen-Gotha und ab 1680 den Herzog von Sachsen-Meiningen, der dies auch bis 1918 bleiben soll.

Die Burg Landwehr wird zum Residenzschloss umgebaut, der Ort wandelt sich allmählich zur Residenzstadt. Bedeutet für diese der Absolutismus in der Regel den nahezu völligen Verlust der Selbständigkeit, so hat der aufgeklärte Absolutismus des späten 18. Jahrhunderts in Meiningen durchaus positive Züge: Ein „Institut zur Beförderung sittlicher und bürgerlicher Vervollkommnung" wird als segensreiche Einrichtung angesehen, in der alle Stadtbewohner von der Schulentlassung bis zur Hochzeit vereint sind. Die Dienstboten gelten in diesem Institut als die würdigsten Mitglieder.

Weniger skurril, aber dafür typisch für eine Residenzstadt, sind Repräsentations- und Verwaltungsbauten in der Bernhardstrasse (Hoftheater, Kleines Palais, Grosses Palais) und am Schlossplatz (Reithalle und Marstall) und in der Marienstrasse (Amtshaus). Diese Gebäude finden teilweise auch in der Bernhardstrasse ihre bürgerliche Entsprechung und runden damit das Stadtbild ab.

Auffällig ist, dass trotz eines zur Schau gestellten Repräsentationsstrebens mehrere qualitätvolle Fachwerkbauten an eine Zeit erinnern, in der noch nicht an die Residenzstadt zu denken war.

Ähnliches lässt sich auch in Eisenach beobachten.

Meininger Fachwerkkunst: Baumbach-Haus, Posthalterei, Henneberger Haus, Grumbachisches Haus, Richtersches Haus, Raßmannsches Haus,

Meiningen: Fachwerkhaus Ernestinerstraße

Ein zeitgenössischer Bericht

„Meiningen liegt in einem engen Tale, von waldigen Bergen umgeben. Das große, mit Pracht aufgeführte Schloss mit der davorliegenden nicht eben kleinen Stadt macht einen überraschenden Eindruck...
Die Stadt ist regelmäßig gebaut, die Gassen sind breit, vorne haben die Häuser ein festes massives Aussehen, hinten ist alles von Lehm. Das Schloss ist ein längliches Viereck, stark und dauerhaft gebaut und eines der größten Fürstenschlösser in Deutschland. Aber auch keines ist so gut bewacht als dieses... Wo ein Hof ist, sei er noch so klein, wie er wolle, da schimmert Luxus und Mode immer stark hervor... Vielleicht ist deshalb eine Dekade nicht so viel Puder und Pomade in Nordhausen verbraucht worden, als in einem Jahr das nicht um die Hälfte so menschenreiche Meiningen weggezehret hat. Dieselben Proportionen würden sich bei leichtem Seidenzeug,Bändern, Flor und ähnlichen Artikeln des Flitters ergeben. Da die Mittel des Verdienstes in den Residenzen gewöhnlich eingeschränkter sind als in bürgerlichen Städten, so steigt die Sparsamkeit und Entbehrungskunst in anderen Dingen bei Menschen, die das Glück haben, Einwohner in einer Residenz zu sein, oft zu einem unglaublich hohen Grade... "

Meiningen:
Neoromanische Stadtkirche St. Marien (1884-1889)

Eisenach:
Nikolaikirche
(1160; 1610-1622; 1717)
und Nikolai-Tor

EISENACH...
...und der Parthekenhengst

Am Fuß der Wartburg ist das Vergnügen kurz und die Erinnerung lang, wenn es um die Residenz geht. Diese hat eigentlich zwei Phasen, die erste stammt aus landgräflicher Zeit, als *Landgraf Ludwig II.* des Aufstieges zur Wartburg vielleicht überdrüssig, auch das Steinhaus (alte Residenz) in der Stadt nutzte, um zu regieren. Eisenach steht kurz vor seiner mittelalterlichen Blüte, das Stadtrecht gilt vielen anderen Thüringer Städten als Vorbild, die Sprüche des Eisenacher Schöppenstuhls finden allenthalben Anerkennung und Beachtung. Ab 1247 weht das Banner der Wettiner von den Stadttürmen. Mehr als vierhundert Jahre müssen vergehen, bis abermals in Eisenach residiert und regiert wird, allerdings auch nur für eine kurze Zeit.

Von 1672 bis 1741 bestimmen die *Herzöge von Sachsen-Eisenach* die Geschicke ihres kleinen Landes und vermögen ob der kurzen Dauer kaum ihrem Regierungsort ein würdiges architektonisches Gepräge zu geben. Das wichtigste Ereignis in der Residenzstadt: Am 21. März 1685 wird *Johann Sebastian Bach* geboren.

Was fürstlicher Glanz nicht erreichte, bewirkt am Ausgang des 18. Jahrhunderts Eisenachs wirtschaftliche Entwicklung. Eisenach steigt zu einem wichtigen Textilzentrum auf und wandelt sich seit dem 19. Jahrhundert zur Industriestadt mit ganz eigenem Flair. Zwischen Sonnabend- und Mittwochsmarkt sind über achthundert Jahre Stadtgeschichte vereint, das Kapitel Residenzstadt scheint dabei eine Episode zu sein. Ganz anders ist die Situation in Gotha.

Wer die Stadt sucht, hat Probleme.

An fremdem Tisch: Martin Luther besucht 1498 die Eisenacher Pfarrschule St. Georg. Und, wie damals üblich, hat er als Schüler Platz am Mittagstisch einer fremden, ihm aber wohlgesonnenen Familie. Der fromme Kaufmann Heinrich Schalbe gewährt dem künftigen Reformator die Stelle des „Parthekenhengstes" in seinem Haus. So zumindest nannte man jene Schüler oder Studenten, die außer der Beköstigung bei ihren Wirtsleuten noch zusätzlich an einer Mittagstafel teilhaben konnten. Schalbes Schwester nimmt den jungen Luther in ihrem Hause auf. Sie soll ihm übrigens gesagt haben: „Kein schöner Ding als Frauenliebe, wem sie kann werden."

Eisenach: Lutherhaus (15./16. Jh.)

Eisenach:
Wartburg
(12. und 19. Jh.)

Gotha: Kupferstich (Ausschnitt) von Matthäus Merian (um 1650)

GOTHA...

...liegt in Italien und ist eine Pflanzschule für gelehrte Männer

Der ob seiner Zerstreutheit einst berühmte Gymnasialprofessor *Johann Georg August Galetti (1750 - 1828)* meint „Gotha ist nicht nur die schönste Stadt in ganz Italien, sondern hat auch viele Gelehrte gestiftet" und versteigt sich sogar noch zu der Feststellung, dass „Wenn man eine Stadt wie Paris 92 mal zusammensetzt, (...) eine Stadt wie Gotha heraus (kommt)." Trotz der krausen Worte irrt der Herzoglich Sächsische Hofrat zumindest in zwei Dingen nicht: Zum einen bringt Gotha durchaus eine beachtliche Zahl bedeutender Gelehrter hervor. Das bestätigt letztlich auch der Hildburghäuser Verleger *Carl Joseph Meyer* mit seiner Behauptung über die „Pflanzschule für gelehrte Männer", und zum anderen teilt der Ort mit Paris für geraume Zeit die Würde und Bürde einer Hauptstadt.

Und schon lange bevor dies der Fall ist, gibt es eine Berührung mit „Frankreich", genauer mit dem fränkischen Reich *Karl des Großen*. 775 erhält das Kloster Hersfeld den Zehnt aus der „Villa Gothaha" – dem Ort an einem Graben mit gutem Wasser. So die Deutung der altsächsischen Lokalbezeichnung.

Während der Reformation sehen die Ernestiner neben Torgau und Coburg auch in Gotha einen wichtigen strategischen Punkt, von dem aus die neue Lehre aus der Deckung einer Festung heraus verteidigt werden kann. Derlei Überlegungen werden Gotha zweimal, im Schmalkaldischen Krieg 1546/47 und während der Grumbachschen Händel 1564/67 zum Verhängnis.

Die Schleifung der Festung Grimmenstein führt letzten Endes dazu, dass *Herzog Ernst I. von Sachsen* Gotha zunächst von 1640 bis 1646 aus dem Kaufhaus mitten in der Stadt diese und das Herzogtum regiert. Das Beispiel macht Schule, Ratsherren und Bürgermeister folgen dem herzoglichen Vorbild. Ab 1665 nutzen sie auf Dauer das Kauf- als Rathaus. Kein schlechtes Ohmen für eine aufstrebende Residenzstadt, dass außerdem ganz herzoglicher Sparsamkeit entspricht. Seine Glaubens- und Regierungsgrundsätze Frömmigkeit, Wissen, Fleiss und Sparsamkeit verhelfen Gotha zu aufblühender Wirtschaft, einem beispielhaften Schulsystem und großen Ansehen.

Herzog Ernst der Fromme greift direkt in handwerkliche Belange ein, *Andreas Reyher* reformiert in seinem Auftrag das Volksschulwesen.

Zu Beginn des 18. Jahrhunderts ist rund ein Fünftel aller steuerpflichtigen Einwohner am herzoglichen Hof beschäftigt. Dennoch vermisst man in der Stadt Bauzeugnisse von Rang aus dieser bedeutenden Zeit. Spätmittelalterliches ist, wenn es denn nicht durch Stadtbrände zerstört wurde, überformt oder ob seiner Qualität nahezu unberührt erhalten. Jüngere Gebäude stammen aus dem 16. und 17. Jahrhundert (Hauptmarkt 8, 36, 38 und 45, Querstrasse 14). Das Frankenbergische Gartenhaus (Lucas-Cranach-Str. 99) gehört zu den wenigen bürgerlichen Barockgebäuden in Gotha. Die bescheiden wirkende Architektur der Stadt täuscht. Hinter einer eher schlichten steinerne Hülle verbirgt sich ein geistiges Klima, das am ehesten mit dem Weimars zur Goethezeit zu vergleichen ist.

Bedeutende Verleger wie *Rudolf Zacharias Becker, Karl Wilhelm Ettinger, Johann Georg Justus Perthes* und *Carl Joseph Meyer* betreiben in der Residenzstadt ihre Officin.

In Meyers Universum wird 1835 von Gotha als einem Ort mit „... eine(r) seltene(n) Fülle von Intelligenz und Bildung ..." berichtet.

Franz Xaver von Zach, Bernhard August von Lindenau, Franz Encke und *Peter Andreas Hansen* wirken in der Sternwarte auf dem Seeberg. Die Residenzstadt erlebt ihre „astronomische Epoche". *Karl Adolph von Hoff* und *Friedrich von Schlotheim* sind mit maßgeblichen geologischen und paläontologischen Arbeiten befasst.

Dass dabei die „schönen Künste" nicht zu kurz kommen, zeigen die Theaterbegeisterung und Lesefreudigkeit der Gothaer. Der öffentliche Zugang zur herzoglichen und Gymnasialbibliothek lockt sogar Leser aus den nähergelegenen Ortschaften. So vielversprechend diese Entwicklung auch erscheinen mag, um wirkliche Früchte zu tragen, bedarf es des entsprechenden wirtschaftlichen Hintergrundes.

Gotha:
Links:
Rathaus, ehemaliges städtisches Kaufhaus (1566 -1574)
Rechts:
Schloss Friedenstein und Wasserkunst (1895), Gesamtansicht

Gotha:
Wasserkunst (1895) und Schloss Friedenstein

Ernst Wilhelm Arnoldis Erfolgsrezepte:
1821 Gründung der „Feuerversicherungs-anstalt des deutschen Handelsstandes", 1823 Gründung des Gothaer Gewerbe-vereins, 1825 Gründung der „Feuer-versicherungsbank für Deutschland", 1827 Gründung der „Lebens-versicherungsbank", 1836 Inbetriebnahme der ersten Thüringer Rübenzuckerfabrik. Außerdem ist Arnoldi an der Gründung des Vereins der kaufmännischen Innungshalle (Fortbildungsanstalt), der Einrichtung einer Handelsschule sowie der Fortbildungs-schule für Dienst-mädchen beteiligt.

Den formt vor allem *Ernst Wilhelm Arnoldi*. Gotha hat ihm viel, sehr viel zu verdanken. Ohne ihn wäre die Residenzstadt sicher ein geachteter Musenort geworden, mehr aber nicht. Arnoldi indes hat Visionen, in denen für beschauliche Ruhe kaum Platz ist.

Nachdem 1826 die Gothaer Linie der Ernestiner erlischt, übernehmen die Herzöge von Sachsen-Coburg die Regentschaft. Gotha muss mit Coburg den Landesherren und damit auch die Residenzhaltung teilen.

Schon 1844 wird mit dem Amtsantritt *Herzog Ernst II. von Sachsen-Coburg und Gotha* deutlich, dass sich die fränkische Residenzstadt dessen besonderer Gunst erfreuen kann. Durch seine Förderung entwickelt sich Coburg zum geistigen Zentrum der deutschen Erneuerungs- und Einigungspolitik.

Gotha: Ehemalige Gothaer Feuerversicherungs-bank (1872-1877)

Was Gotha dagegenzusetzen? Der Ort wandelt sich immer mehr zu einer wirtschaftlich starken Industriestadt. Um 1890 werden in ihr fast sechzig unterschiedlich große Fabriken gezählt. Dreiviertel aller erwerbstätigen Einwohner sind in der Industrie, im Handwerk oder im Handel tätig, das übrige Viertel gehört der Verwaltung in den unterschiedlichsten Bereichen an. Noch 1850 lag das Verhältnis bei zwei zu einem Drittel.

Die Duplizität von Residenz- und Industriestadt bewirkt wohl auch zu Beginn des 20. Jahrhunderts die Erschließung des Luftraumes über Gotha und Thüringen. 1909/10 wird zu diesem Zweck eine Luftschiffhalle eingerichtet. Kühne Linienflugpläne mit „Zeppelinen" macht der 1. Weltkrieg zunichte. Für dessen Schlachtfelder werden indes ab 1915 Doppeldecker-Kampfflugzeuge produziert.

Wie andernorts auch endet im November 1918 die Geschichte der Residenzstadt Gotha. Was sie für den Ort bedeutet hat und noch immer bedeutet, zeigen das Schloss, das Rathaus, der Markt und die herrlichen Parkanlagen.

Neben den bisher genannten ernestinischen Residenzstädten wurden auch Jena (1672 bis 1690), **Eisenberg** (1680 bis 1707) und **Römhild** (1680 bis 1710) zum gleichen Zweck genutzt.

Mit Ausnahme von Jena haben die Orte allerdings durch die geringe Zeit herzoglicher Hofhaltung keine besondere Bedeutung erlangt.

Gotha: Ehemalige Gothaer Lebensversicherungs-bank (1893-1894)

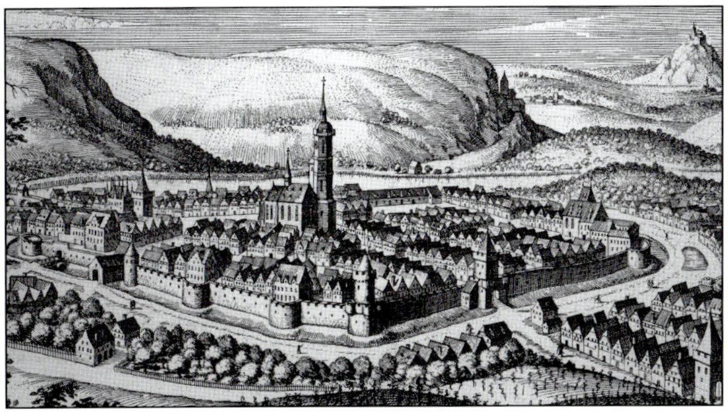

Jena: Kupferstich (Ausschnitt) von Matthäus Merian (um 1650)

JENA
Residenz- und Universitätsstadt

Jena rückt bereits recht früh in den Blickwinkel wettinischer Interessen. *Herzog Wilhelm* hält ungeachtet der Wirren des sächsischen Bruderkrieges in der Saalestadt sein „Herrliches Beilager" mit *Anna von Österreich* ab und lässt dazu mehrere tausend Gäste kommen. Die Freude am Feiern wird ihnen indes tüchtig versalzen: Das Gerücht, Kurfürst *Friedrich der Sanftmütige* sei mit einem Heer im Anmarsch, versetzt die Hochzeitsgesellschaft in Angst und Schrecken. Statt geplanter prächtiger Turniere ist ein ernster Waffengang zu befürchten. Die Bedenken bestätigen sich allerdings nicht, trotzdem hat der üble Gestank aus der Gerüchteküche die Düfte der herzoglichen Garküche vertrieben.

Kurfürst Johann Friedrich gründet 1558 nach dem Verlust Wittenbergs die Alma Mater Jenensis. Durch eine der zahlreichen Erbteilungen bedingt, erhält Jena am Ende des 17. Jahrhunderts einen Doppelstatus: Von 1684 bis 1690 gilt der Ort als Residenz- und Universitätsstadt. Zu Ruhm ist letztere, durch ihre Wissenschaftler und namhaften Verleger, gelangt. Die an sich schon eher geringe Bedeutung als herzoglicher Regierungssitz ist dagegen fast vergessen.

Mit 1800 immatrikulierten Studenten in den Jahren zwischen 1706 und 1720 nimmt die Universität während dieser Zeit den ersten Platz in Deutschland unter allen Hohen Schulen ein, an derlei Bedeutung lässt sich die des Residenzortes in keiner Weise messen.

Das Collegium Jenense, auch als Salana bekannt, wird bis zur Aufhebung der ernestinischen Herzogtümer von diesen gemeinsam als die jeweilige Landesuniversität genutzt. Bereits in der zweiten Hälfte des 17. Jahrhunderts erlebt die Jenaer Bildungsstätte hauptsächlich auf naturwissenschaftlichem Gebiet eine erste Blütezeit, aus der die einflussreichen Naturrechtslehrer und Philosophen der Aufklärung *Gottfried Wilhelm Leibniz, Samuel Pufendorf* und *Christian Wolff* hervorgehen. Im 19. Jahrhundert trägt das Schaffen des Zoologen *Ernst Haeckel* der Universität den international geachteten Ruf als „Hochburg des Darwinismus" ein.

Spuren des alten Herzogsschlosses findet man noch im Hauptgebäude der Universität, dem der Regentensitz um 1900 weichen mußte.

Jena: Collegium Jenense (ehemaliges Dominikanerkloster)

Rudolstadt:
Stadt mit
Heidecksburg

RUDOLSTADT...
...das Lied von der „Glocke“

Rudolstadt braucht Abstand. Die rechtssaalischen Höhenzüge bieten ihn zur Genüge. Erst der Blick auf und über die Stadt zeigt den reizvollen Ort vollkommen. Majestätisch überragt die Heidecksburg das Saaletal und die dicht an dicht gedrängten Häuser der Residenzstadt.

Um 780 berichten die Mönche des Klosters Hersfeld von „Rudolfestat“, dem Wohnort eines Mannes, dessen althochdeutscher Name Ruhm und Wolf bedeutet.

Mit Spannung richtet sich deshalb der Blick auf die folgenden Jahrhunderte, um zu sehen, was denn so aus dem Ort des Rudolf wird: Wie es scheint, ohne die Grafen von Orlamünde vielleicht gar nichts. Denn in der Tat sie sind es, die in der Mitte des 13. Jahrhunderts die eigentliche Stadt Rudolstadt gründen und 1340 an die Herren von Schwarzburg vererben.

Als 1571 und 1574 der Schwarzburger Gesamtbesitz geteilt wird, ist Rudolstadt zunächst eine von drei schwarzburgischen Residenzstädten und ab 1599 Hauptstadt der selbstständigen Grafschaft und des späteren Fürstentums Schwarzburg-Rudolstadt.

Bildung und Verkehr sind wichtige Voraussetzungen für den Aufschwung der Residenzstadt. 1663 wird aus der bereits seit geraumer Zeit bestehenden Schule eine vierklassige Landesschule gebildet. Die von Nürnberg über Rudolstadt nach Naumburg führende Saaletalstrasse sorgt für regen Handel und Wandel. Selbst die Bauarbeiten an der Heidecksburg bleiben nicht ohne Wirkung auf die Stadt. Stukkateure, Goldarbeiter, Maler werden unterhalb des Residenzschlosses ansässig. So vergrößert sich die Anzahl und Vielfalt der traditionellen städtischen Berufe, zu ihnen gesellt sich die Schar der Hofbeamten und Bediensteten.Und dass ein fürstlicher Hof auch das geistige Klima in der Residenzstadt beeinflusst, zeigen die Aufenthalte von *Wilhelm von Humboldt, Arthur Schopenhauer, Jean Paul* und *Friedrich von Schiller* in Rudolstadt.

1788 lernt *Schiller* hier seine spätere Gemahlin *Charlotte von Lengefeld* kennen. Und nicht nur das. Was wäre das „Lied von der Glocke“ ohne die Anregungen und Eindrücke, die der Dichter bei seinen häufigen Besuchen in der Rudolstädter Glockengießerei *Mayer* erhält?

1834 leben in der Saalestadt 5 929 Einwohner, 1910 sind es 12 937. Der anderenorts, vor allem auch im benachbarten Saalfeld, erkennbare industrielle Aufschwung bleibt in Rudolstadt aus. Daran ändert auch nichts die 1762 im später eingemeindeten Dorf Volkstedt gegründete Porzellanmanufaktur. Erst seit 1874 verkehren Eisenbahnzüge nach Saalfeld und Naumburg. Drei Jahre später beginnt die Produktion der weithin bekannten Richterschen Steinbaukästen. Eine gewisse Bedeutung erlangen auch die Schokoladen-, Leder- und pharmazeutische Fabriken.

Friedrich von Schiller über seine ersten Eindrücke von Rudolstadt 1787:
„Die Gegend um Rudolstadt ist ausserordentlich schön. Ich hatte nie davon gehört und bin sehr überrascht worden. Man gelangt durch einen schönen Grund dahin und wird von dem weissen grossen Schlosse auf dem Berge angenehm überrascht.“

Bis zum heutigen Tag hat sich trotz wechselhafter Zeitläufte der oftmals auch eher versteckte Charme der alten Residenzstadt Rudolstadt bewahrt. So wie auch in Sondershausen, der anderen wichtigen Residenz der Schwarzburger. Beide Orte zeigen im Stadtgrundriss und in der Randlage des Schlosses auffällige Parallelen.

Die Nebenresidenzen in Ebeleben, Keula, Leutenberg und Schwarzburg haben auf die Geschichte der Residenzstädte in Thüringen eher geringen Einfluss.

Dagegen sind Arnstadt und Frankenhausen auf jeden Fall erwähnens- und ansehenswert.

Arnstadt gilt als die älteste Stadt des Landes. Als frühe Wirkungsstätte *Johann Sebastian Bachs* hat der Ort einen nicht unumstrittenen Ruhm erlangt.

Bekannt, wenn auch auf ganz andere Weise, ist auch die Puppensammlung „Mon plaisir", die einen überraschenden und ungewöhnlichen Einblick in eine barocke Residenzstadt gewährt.

Frankenhausen vermittelt dagegen mehr den Eindruck eines Salinenortes. Seit 998 sind ergiebige Solquellen bekannt, die der Stadt zu Ansehen und Vermögen verholfen haben und ab 1818 auch für Heilzwecke genutzt werden.

Arnstadt:
Schloss Neideck
mit Bergfried (1554)

SONDERSHAUSEN...
...und die feinen Weiber

Sondershausen hat viele Vorzüge: Die Residenzstadt liegt *„in einer der romantischsten Gegenden Deutschlands, in der Nähe des Kyffhäusers und der anderen über aus schönen weichen warmen und grünen laubholzbewachsenen Vorberge des Harzes."* So berichtet zumindest ein Reisender zu Beginn des 19. Jahrhunderts.

Was will man mehr? Ein würdiges Alter ? Auch damit kann Sondershausen dienen! Erste Siedlungsspuren führen bis in fränkische Zeit zurück. Allerdings müssen noch mehrere Jahrhunderte vergehen, bis 1304 zum ersten Mal von der Stadt Sondershausen berichtet wird.

Wie in Rudolstadt so gelten auch in Sondershausen ab 1571 die Regeln einer Residenzstadt. Und diese bedeuten ein enges Beziehungsgeflecht zwischen Schloss und Bürgergemeinde.

Am Ende des 18. Jahrhunderts wird von *„3000 Seelen, d.h. Menschen (berichtet, d.Vf.) mit Inbegriff des Hofes, der Guarde zu Pferde, und der Guarde zu Fuß; und 469 Häuser; ohne das fürstliche Residenzschloß, nebst der Hauptwache und den anderen herrschaftlichen Gebäuden, nemlich 104 Häusern in der Oberstadt; benebst dem Stadtbrauhauss, 94 Häuser im obern Viertel, 98 im untern Viertel, worunter die St. Trinitatiskirche, benebst Pfarr- und Schulwohnungen begriffen sind; 173 Häuser in der Neustadt, worunter das Rathsvorwerk, die Alte Kirche St. Crucis, das Hospital St. Spiritus, das Zucht- und Waisenhaus, und die Stadtschäferei begriffen sind."*

An *„Herrschaftlichen Gebäuden"* werden in der Stadt das Prinzenhaus am Markt, die Regierung, das *„Hauß in der Burggasse welches jetzt der Herr Canzlar und Geheimrat von Linckert bewohnt... das Pottichhaus, die Roßmühle, das Zeughaus, das achteckige Haus... die Ziegelhütte und die Kalkmühle... die Wipper- und Ohlmühle, das Neue Vorwerk... die Caserne oder Wohnung der Stadtsoldaten (und) das alte Vorwerk, nebst Vorwerksmühle, in dieser das Ordinanzhaus oder die Wohnung der Guardereiter"* genannt.

Immerhin wirken sich die engen Beziehungen auf das musische Klima der Stadt recht gedeihlich aus.

Als 1801 das fürstliche Harmonie-Korps gegründet wird, übernimmt der junger Militärmusiker und Klarinettist *Johann Simon Hermstedt* dessen Leitung. Alsbald entwickelt sich das Musikkorps zu einem Klangkörper von Rang. An dessen Pult stehen der Hofkapellmeister *Max Bruch*, ab und an auch *Franz Liszt*.

Da wundert es nicht, wenn in der kleinen Residenzstadt 1883 ein fürstliches Konservatorium entsteht, dessen berühmtester Schüler *Max Reger* ist.

Aus dem Harmonie-Korps geht 1919 das Loh-Orchester hervor, benannt nach seiner bekannten Spielstätte, dem Loh-Haus.

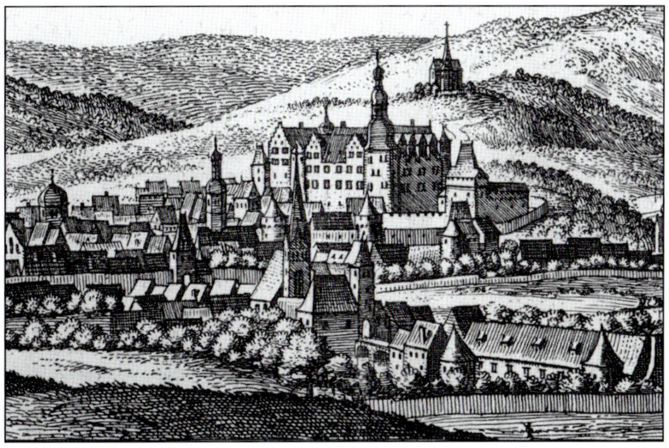

Sondershausen: Kupferstich (Ausschnitt) von Matthäus Merian (um 1650)

Sondershausen: Altstadtzentrum mit Schloss, Markt und Wache

Zu dieser Zeit ist Sondershausen schon nicht mehr allein als Musikstadt bekannt.

Im rechten Moment wird der Ort an das Eisenbahnnetz angeschlossen. Auf den Gleisen wird vorrangig Kali transportiert. Denn 1892 hat das Kaliwerk mit der Förderung des begehrten Düngemittelrohstoffes begonnen. Selbst dabei bleibt die Nähe der Residenz nicht ohne Folgen: Das 44 Meter hohe Fördergerüst des Petersen-Schachtes wird in Anlehnung an die Form des Pariser Eifelturmes errichtet. Im dazugehörigen Schachtgebäude vereinen sich in beispielhafter Weise moderne Industrie- mit traditioneller Hausarchitektur.

Durch die Industrialisierung steigt die Einwohnerzahl der Residenzstadt rasch an, wenngleich deren Uhr bereits 1909 mit dem Erlöschen der Linie Schwarzburg-Sondershausen abgelaufen ist.

Neun Jahre noch gilt der Ort als Nebenresidenz, die Geschicke der Stadt und des Fürstentums werden von Rudolstadt aus gelenkt. Trotz großer räumlicher Entfernung sind beide Residenzstädte nicht nur wegen ihres annähernd gleichen topografischen Bildes schicksalhaft miteinander verbunden.

Grosse Reize einer kleinen Stadt

„Ich habe hier vorzüglich schöne Schafherden bemerkt, die Tier waren so groß und reich von Wolle, wie man sie selten in Deutschland sieht (...). Unter dem weiblichen Geschlechte habe ich viele feine, weiche Gesichter, sanfte blaue Augen, einen niedlichen Wuchs und überhaupt ein zartes Gebilde wahrgenommen. Sie kleiden sich sauber und nett und treten wie Tänzerinnen einher. Man kann sicher behaupten, daß es in Deutschland wenig Städte von der Kleinheit gibt, wo die Weiber so viele natürliche Reize als hier besitzen...".

W. Harnisch 1827

Sondershausen:
Fördergerüst
Petersenschacht
(1907-1909)

Sondershausen:
Gesamtansicht

GERA...
...oder die Gunst der Spätgeborenen

Vom „Pago Geraha", dem slawisch besiedelte Geraha Gau, berichten Chronisten bereits am Ende des 10. Jahrhunderts. Der indoeuropäische Name bedeutet Geröll, Kies, plätschern oder gurgeln.

Um 1200 werden die *Vögte von Weida* im Zusammenhang mit Gera genannt. Sie nutzen die dortigen Vogtei-Rechte und gründen die gleichnamige Stadt. Durch eine sehr lückenhafte Überlieferung bleiben die frühen Jahre des Ortes voller Geheimnisse.

Erst ab 1562 kann wohl mit Fug und Recht von der nunmehr reußischen Residenzstadt gesprochen werden. Deren frühe wirtschaftliche Blüte äußert sich unter anderem im bemerkenswerten Renaissancerathaus von 1573/76.

Wie so oft kommt auch an der Weißen Elster der entscheidende Impuls für einen ungewöhnlich raschen Aufschwung des Ortes von außen. 1569 lassen sich niederländische Protestanten, die aus Glaubensgründen ihre Heimat verlassen mußten, in Gera nieder. Unter den Exulanten ist *Nicolaus de Smit*. Der Niederländer beeinflusst die einheimische Wollzeugweberei durch neue Produktionsverfahren und mit dem bis dahin unbekannten Verlagswesen.

Doch so segensreich de Smits Neuerungen sind, sie bedürfen letztlich landesherrschaftlicher Unterstützung. Und die gewährt der Reuße *Heinrich Posthumus* (1572-1635). Der „Nachgeborene" gilt als sinnenfreudiger Barockfürst, der dessen ungeachtet sein Land und vor allem die Stadt Gera fördert. 1608 wird auf sein Betreiben das Gymnasium Rutheneum eröffnet. Die Zahl der Manufakturen und Handelshäuser verdreifacht sich binnen Kurzem. Zu Beginn des 17. Jahrhunderts, einer Zeit, in der sich mehr oder weniger deutlich die Thüringer Residenzstädte entwickeln, steigt Gera zum vogtländischen Textilzentrum auf! Die Tuche aus der Stadt sind weithin verbreitet. Prächtige barocke Bürgerhäuser künden vom fast sprichwörtlichen Reichtum der Geraer Tuchhändler.

Allerdings wird der wirtschaftliche Aufschwung durch den verheerenden Stadtbrand von 1780 zunächst gestoppt. Anstelle der Barockbauten entstehen

Gera-Untermhaus: Otto-Dix-Haus und Marienkirche (1450)

Gera:
Rathaus
(1573-1576)

Gera:
Ferbersches Haus
(1780)

Gera:
Villa Georg Hirsch
(1896-1898)

Gera:
Haus Wilhelm Erich
Meyer
(1926-1927)

nun glanzvolle Rokokogebäude und Häuser, die der Zopfstil ziert (Ferbersches Haus, Greizer Str. 37, Haus Buttermann, Große Kirchstr. 7, Wohnhaus, Große Kirchstr.17)

Noch einschneidender sind der technische Wandel im 19. Jahrhundert und seine Folgen: Nachdem 1811 die erste Spinnmaschine in Betrieb genommen wird, lassen Dampfmaschinen und mechanische Webstühle nicht lange auf sich warten. Und durch die Mechanisierung der Textilindustrie werden ab 1841 mehrere Maschinenfabriken und Eisengießereien gegründet. Damit hat sich die Residenzstadt zum bedeutenden ostthüringischen Wirtschaftszentrum entwickelt.

Ein Vergleich mit ernestinischen und schwarzburgischen Regierungsorten zeigt, dass Gera trotz aller fürstlicher Einflüsse eine wesentlich schwungvollere wirtschaftliche Entwicklung erfährt. Die Stadt bekommt ein deutlich bürgerliches Gepräge.

Das zeigt auch die glanzvolle Villenarchitektur, die mit ihrer Qualität und Vielfalt in Thüringen nach vergleichbaren Beispielen suchen lässt.

Gera bleibt trotz Industrialisierung bis 1918 eine interessante und anregende Residenzstadt, die auch als Geburtsort von *Otto Dix* und nach 1920 durch *Thilo Schoder*, den Schüler von Henry van de Velde, und dessen Bauten bekannt wird.

In den nachfolgenden Jahrzehnten des 20. Jahrhunderts verlieren sich in der ostthüringischen Industriemetropole die Spuren einer rund dreihundert Jahre währenden Residenzgeschichte immer mehr. Dem Kundigen bleiben sie indes nicht verborgen.

Greiz:
Jugendstilbauten (nach 1902)

GREIZ...
...und die Doppelungen

Die Anfänge der Greizer Siedlungsgeschichte reichen bis in jene Zeit zurück, als um 700 an der Weißen Elster Slawen ansässig werden. Die von ihnen errichtete „grod´c" – die Burganlage – gibt dem späteren deutschen Ort den beziehungsreichen Stadtnamen.

Spätestens im 13. Jahrhundert nehmen deutsche Kolonisten das anmutige Tal der Weißen Elster in ihren Besitz. Die Vögte von Weida lassen zu deren Schutz und Nutzen eine Burg und die Pfarrkirche St. Marien erbauen. In ihrer Nachbarschaft entsteht alsbald eine zunächst eher dörfliche Siedlung.

Noch 1269 wird von der „villa Grouz" – dem Dorf Greiz – berichtet, doch ab 1306 ist diese Siedlung bereits „Residenzort". Die Reußen von Plauen haben die Burg Greiz zum Herrschaftssitz erkoren und nutzen ihn auch bis 1918.

Das Besondere daran: Vom 17. zum 18. Jahrhundert ist die rund eintausend Einwohner zählende Stadt Regierungssitz für zwei Herrschaften. In der Residenzstadt wird zwischen **Ober- und Untergreiz** unterschieden. Dessen ungeachtet gewinnt vor allem nach dem Dreißigjährigen Krieg die Textilherstellung sehr rasch Einfluss auf das Greizer Wirtschaftsgeschehen. Bis 1754 werden bereits zehn Manufakturen im Tal der Weißen Elster gegründet.

Nach 1860 entbrennt mit dem Aufstellen der ersten mechanischen Webstuhle der mit großer Erbitterung geführte „Greizer Leineweberkrieg", der jedoch eine weitere Industrialisierung nicht aufhalten kann.

Greiz erlangt durch die Tuchindustrie internationale Anerkennung. Als Residenzstadt bleibt dem Ort solch Ruhm versagt. Kein Wunder, denn an die Stelle der Wasserkraft treten ab 1860 in immer stärkerem Maße die qualmenden und zischenden Dampfmaschinen. In über sechzig Fabriken treiben sie Webstühle und Spinnmaschinen, Dreh- und Bohrmaschinen, oftmals mit Ohren betäubendem Lärm, an. 1868 nimmt der erste Großbetrieb mit zweihundert Webstühlen die Produktion auf. Zwölf Jahre später arbeiten in den Greizer Fabriken über 6 000 Beschäftigte.

Vom Glanz einer Residenz ist, wie in Gera, wenig zu spüren. Der bürgerliche Wohlstand spiegelt sich allerdings in zahlreichen interessanten Gründerzeitbauten (Brückenstrasse 16-10, Carolinenstrasse 2, 42) wider, die teilweise von einer bemerkenswerten Jugendstilarchitektur (Thomasstrasse 9-25, Burgstrasse 5, Marktstrasse 2-20) geprägt sind.

Neben Greiz und Gera sind als reußische Residenzorte noch **Schleiz, Lobenstein, Ebersdorf, Burgk, Köstritz, Rothenthal** und **Dölau** zu nennen, die jedoch nur durch ihre geringe Größe für die Geschichte der Thüringer Residenzstädte von Belang sind. Ein Besuch rundet letztlich das Bild einer wohl einmaligen Stadtlandschaft ab.

Erfurt:
Domplatz, Dom
(1153-1465) und
Severikirche
(1274-1276; 1350-1472)

Glückliches Erfurt, schon die frühen Jahre sind vielversprechend. Denn im Thüringer Becken findet sich fast alles, was eine Stadt braucht, um mindestens groß zu werden. Dieses Ziel, einmal erreicht, bedeutet auch Einfluss und Ruhm.

Erfurt - das Lehrstück für Aufstieg und Glanz einer Residenzstadt? Ganz und gar nicht, die Spielart ist eine andere. Straßen, Gassen, Plätze und Häuser gleichen vielmehr einem Schachbrett. Stadtherren und Kaufleute besetzen die schwarzen und weißen Felder. Ihr Spiel um die Macht, oft verbissen geführt, währt Jahrhunderte. Sieger, wenn es überhaupt einen gibt, ist die Stadt selbst.

Erfurt:
Figurengruppe (Kluge Jungfrauen) vom Triangelportal des Domes (1330)

Erfurt beginnt, so man mag, mit dem Wort – dem des Bonifatius. Der „Apostel der Deutschen" will 742 am Ufer der Gera ein Bistum gründen mit der Folge, dass für „Erphesfurth" daraus eine über tausend Jahre währende Abhängigkeit, zunächst zur Diözese, dann zum Erzbistum Mainz, entsteht.

Auch *Karl der Große* kennt den Ort, mindestens seine strategische und wirtschaftliche Bedeutung. Auf den Erfurter Märkten erlaubt der Frankenkaiser den Handel zwischen Slawen, Sachsen, Franken und natürlich auch den Thüringern.

Andere Große des Reiches folgen ihm. *Heinrich I.*, *Otto I.*, der rotbärtige *Friedrich I.* und *Rudolf* finden Weg und Zeit, um hoch über der rasch dahin eilenden Gera Politik zu machen. Den besten Platz für solche Zwecke bietet der Petersberg. Seit geraumer Zeit unterhalten Benediktiner an dieser Stelle ein Kloster. Darin wird zu Beginn des 12. Jahrhunderts ein Bauwerk von Rang errichtet. Nach Hirsauer Vorbild entsteht auf dem breitgelagerten Bergsporn die Peterskirche. Die kreuzförmige Pfeilerbasilika hat, wenn auch mit erheblichen Schäden, eine wechselvolle, teilweise sogar dramatische Geschichte überdauert. Berühmtheit erlangten die Schreiber des Klosters, ihre Pergamente werden noch heute in bedeutenden Archiven und Sammlungen aufbewahrt.

Vergeblich sucht man dagegen die Reste jener Pfalz, in der mittelalterliche Kaiser und Könige öfter Hof hielten. Dafür bietet ein anderes Zeugnis weltlicher Macht beeindruckende Erfurter Über- und Ansichten. Ab 1664 umschließen den Petersberg spitzwinklige Bastionen und Ravelins. Zu deren Füßen breitet sich das unüberschaubare Gewirr von Strassen und Gassen aus, das imposante Gegenüber bilden der Dom Beatae Mariae Virginis und die Severikirche. Schon von weitem prägen ihre markanten Silhouetten das Stadtbild. Unvergleichlich der Eindruck, wenn man vom Domplatz das Läuten der Gloriosa, einer der grössten mittelalterlichen Glocken, erleben kann.

Das Klangerlebnis verbindet sich in wohl einmaliger Weise mit dem Anblick des von mächtigen Pfeilerkonstruktionen getragenen Domes. Über dessen frühe Zeit gibt es mehr Vermutungen als gesicherte Nachrichten. Der *Heilige Bonifatius* und der *Heilige Willibald* werden mit ihm in Verbindung gebracht. Älteste Bauspuren führen in die karolingische Zeit.

1153 muss die Kirche nach einem Einsturz neu aufgebaut werden. Die umfangreichen Arbeiten dauern fast dreihundert Jahre. In dieser Zeit entsteht ein Gotteshaus, bei dem Romanik und Gotik in großartiger Weise vereint sind.

Das **Triangelportal des Domes** gehört zu den ausgesprochenen Kostbarkeiten gotischer Baukunst in Deutschland. In seinem Inneren hat die aus dem 14. und 15. Jahrhundert stammende Farbverglasung der Chorfenster Berühmtheit erlangt. Nicht minder bedeutend sind die um 1160 entstandene Stuckmadonna und der zur gleichen Zeit geschaffene „Wolfram". Der bronzene Leuchterträger, eine der ältesten romanischen Freiplastiken, stellt möglicherweise einen Erfurter Bürger dar: 1157 lebt ein gleichnamiger Schultheiß in der Stadt.

Das „Erfurter Unglück"
„Anno domini 1184 auff unser lieben Frawen Berge geschehen, da der Boden eines Gemachs mit jhme, dem Keyser, den 26. Juli, eingefallen und, neben vielen Leuthen, sechs Graven, vnd Herren, insonderheit im Unflat ersticket seyn, nemlich Graf Heinrich von Schwarzburg, (so diß Sprichwort geführet, thue ich das, so muss ich die Scheisse bestehen) Graf Gottfried von Ziegenhayn, Graf Goßmar von Hessen, Graf Friedrich von Abenberg und Rodenegk, Graf Burckhardt von Warteburg und Burggraf Friedrich von Kirchberg."

Tatsächlich sollen sechzig mehr oder weniger hochrangige Personen des „öffentlichen Lebens und der Politik" im Erfurter Unrat erstickt sein. Der Kaiser konnte keinen Schaden nehmen, er war gar nicht in der Stadt. Auch mittelalterliche Klatschkolumnisten hatten schon ein getrübtes Verhältnis zur Wahrheit!

Etwas jünger ist dagegen die dem Dom gegenüberstehende Severikirche. Die fünfschiffige Hallenkirche wird um 1270 begonnen und rund einhundert Jahre später fertiggestellt.

Erfurter Kirchen (Auswahl)

Ägidienkirche (1110-1324)
Allerheiligenkirche (1117-1371)
Andreaskirche (1182-1482)
Augustiner-Eremitenkloster (1277-1300)
Brunnenkirche (1253)
Kaufmannskirche St. Georg (1291-1368)
Lorenzkirche (1140-1413)
Martinikirche (1288-1290)
Michaeliskirche (1183-1500)
Neuwerkskirche St. Crucis (1466-1473)
Predigerkirche St. Johannes (1273-1484)
Regelerkirche St. Augustinus (1130/1291)
Schottenkirche St. Nikolaus und Jakobus (1136-1472)
Thomaskirche (1282;1900-02)
Ursulinenkloster (14. Jh.)
Wigbertikirche (1409-1475)
Barfüßerkirche (1250-15. Jh.)

Türme abgebrochener Kirchen:

Bartholomäuskirche
Georgskirche
Johanniskirche
Nikolaikirche
Paulskirche

Schon zu dieser Zeit spricht man von „Erfordia turrita" – dem turmreichen Erfurt. Später heißt der Ort deswegen sogar „deutsches Rom". Ein Blick von den Domstufen oder vom Petersberg zeigt, dass selbst heute noch diese Behauptungen nicht unbegründet sind. Neben dem Dom, der Severi- und Peterskirche prägen die Türme von neunzehn Kirchen das Stadtbild.

Für eine mittelalterliche Stadt ist dies gewaltig, in Erfurt allerdings so verwunderlich nicht. Mit Köln, Magdeburg, Regensburg und Lübeck zählt der Ort zu den deutschen Großstädten. Keine von ihnen ist je eine Residenzstadt geworden!

Viel zu selbstbewusst sind Kauf- und Handelsleute, als dass sie einen fordernden Stadtherren widerspruchslos ertragen. Die Erfurter versuchen mit wechselndem Erfolg sich dem Einfluss der Mainzer Erzbischöfe zu entziehen. Ein Bündnis mit den Reichsstädten Mühlhausen und Nordhausen und die Zugehörigkeit zur Hanse markieren im frühen 14. Jahrhundert die Blütezeit der thüringischen Handelsstadt.

In ihr treffen sich zahllose Wege und Straßen. Die bedeutendste ist die „Hohe Straße", die Erfurt mit Leipzig und Frankfurt/M. verbindet. Vom Domplatz kann man ihrem Verlauf durch die Pergamenter-, Drachen- und Schildgasse folgen. Anstelle einer Brücke querte zunächst ein Furt die Gera.

Die „Lipwinisbrucca"– die Lehmannsbrücke – deutet indes schon auf einen bequemeren und vor allem trockenen Weg über den Fluß. Grund genug für friesische Kaufleute, an dieser Stelle eine Siedlung zu gründen. Die 1248 erstmalig erwähnte Kaufmannskirche am Waidhandelsplatz, dem heutigen Anger, gilt als deren Pfarrkirche. In ihrer unmittelbaren Nähe brachten kürzlich archäologische Grabungen beachtliche Mauerzüge hochmittelalterlicher Häuser zutage.

Auch die „strata publica" – die Marktstraße, die Krämerbrücke und der ebenfalls 1248 genannte Fischmarkt bilden wichtige Zentren städtischen Handels, an denen auch bedeutende Zeugnisse bürgerlicher Architektur zu finden sind. Die berühmteste Gebäudegruppe ist die **Krämerbrücke.** Bereits 1156 wird von ihr berichtet. Kaum vorstellbar, dass sich auf dem schmalen Fahrweg zwei mehrspännige Wagen begegnen können. Trotzdem galt für derlei Straßen eine vorgeschriebene Breite von 16 Schuh. Welch ein Gedränge auf der Brücke! In ihren Häusern sind Textil-, Schmuck- und Gewürzläden zu finden, und jeder, der trockenen Fußes die „via Regia" nutzen wollte, zog zu Fuß, zu Roß oder mit dem Wagen über den schmalen Brückenweg. Unter solchen Bedingungen bilden bereits dreigeschossige Häuser enge Schluchten. Die Pracht aufwendiger Fassaden verliert sich dabei fast in der Enge des Raumes. Auch in

Erfurt: Krämerbrücke (1165;1472)

Dunkelmännerbriefe
Die Epistolae obscurorum virorum (Dunkelmännerbriefe) erschienen 1515 und 1517 als Sammlung anonymer, fiktiver Briefe, die sich gegen den katholischen Klerus richteten. Hauptautoren waren Crotus Rubeanus und Ulrich von Hutten, die sich bei ihren Schriften eines miserablen Lateins bedienten, um so noch nachdrücklicher auf die kirchlichen Missstände aufmerksam zu machen.

Erfurt:
Collegium maius – die Erfurter Universität (links im Bild) (1511-1515; 1547-1551)

angrenzenden Gassen und Straßen wechseln interessante Fachwerkbauten mit massiv gemauerten Gebäuden ab. Auffällig sind die oft recht beziehungsreichen Hausnamen und -zeichen, die ursprünglich eine Nummerierung ersetzten.

Die ältesten Häuser stammen, meist fragmentarisch, aus dem 13. Jahrhundert. Das Gros wurde ein- bis zweihundert Jahre später erbaut. Von besonderer Schönheit sind am Fischmarkt (Nr. 7) das Haus Zum Roten Ochsen und (Nr. 13) das Haus Zum Breiten Herd. In der Großen Arche (Nr. 6), Haus Zum Sonnenborn, und Nr. 14. sind zwei typische Waidhändlerhäuser zu finden.

Der Handel mit der Farbpflanze hat Erfurt reich gemacht und in den Ruf gebracht, dass in der Stadt der „Blaue Montag" erfunden wurde. Angeblich stammt der Begriff aus jenen Jahren, da Montags die waidblaugefärbten Stoffe und Tuche zum trocknen aufgehängt wurden. Neben dem Waidhandel hat auch das 1331 verliehene Messeprivileg erheblich zur wirtschaftlichen Macht und Größe der Stadt beigetragen.

Fünf Burgen sorgen für deren Schutz, seit 1392 eine Hohe Schule für ihren guten Ruf. Umgeben von pulsierenden Handelsplätzen hat sich zwischen dem Domplatz, der Lehmanns- und der Krämerbrücke ein geistiges Zentrum entwickelt, das lange Zeit später erst im fernen Prag seine Entsprechung finden sollte. Das **„Collegium maius"** in der Michaelisstraße, die Bursa pauperum am Kreuzsand und die „Engelsburg" – bekannt durch die **Dunkelmännerbriefe** – sind Stätten, die noch heute an ein glanzvolles Kapitel Erfurter Geistesgeschichte erinnern.

Gelehrte von Rang wirken an der Universität. *Eobanus Hessus Johannes Crotus Rubeanus*, *Conrad Mutianus Rufus* und *Adam Riese* lehren Studenten, die selbst den Weg von Basel, Danzig, Krakau, Leiden und Wien an die Erfurter Alma Mater nicht scheuen.

Wie kurz mutet da die Strecke vom Collegium maius über die Lehmannsbrücke zum Augustinerkloster an! Und gerade diese wenigen Schritte gehören wohl in der Weltgeschichte mit zu den folgenreichsten, zumindest am 17. Juli 1505. Denn an diesem Tag klopft der Magister der Freien Künste, *Martin Luther*, an die Pforte des Augustiner-Eremitenklosters. Wegen des in ihm üblichen tiefdunklen Mönchhabits wird es auch häufig „Schwarzes Kloster" genannt.

Kleiner Weg mit grosser Wirkung:
„Ich bin drum ins Kloster gelaufen, daß ich nicht verloren würde, sondern das ewige Leben hätte.", so Luthers Begründung.

1521 weilt er noch einmal, nun als Reformator, im Augustinerkloster, um von der neuen Lehre zu predigen. Im gleichen Jahr beginnt mit den „Pfaffenstürmen" die Reformation, Anlass genug für *Kaiser Karl V.* 1524 Erfurt zu zürnen. Dem kaiserlichen Groll folgen bürgerliches Aufbegehren, gepaart mit bäuerlicher Wut. Erfurt gerät in die Strudel des Bauernkrieges, getragen von der Hoffnung, die lästigen Mainzer Stadtherren loszuwerden. Doch wiederum vergeblich.

Dafür setzt man 1591 auf dem Fischmarkt, ganz dem Geschmack der Zeit und dem bürgerlichen Selbstverständnis entsprechend, ein steinernes

Erfurt:
Sogenanntes Roland-Standbild am Fischmarkt (1591)

Denkmal voller Hintersinn: Auf steinerner Säule erhebt sich ein **antik geharnischter Mann**, in der Rechten das Erfurter Banner. Ähnlich wie der bronzene Wolfram ist der Fahnenträger das Symbol des „alten" Erfurters schlechthin. Unabhängig und frei, sich seiner Rechte bewusst und diese schützend, so will er verstanden werden. Dabei hat er Vorbilder, die Rolandsfiguren der mächtigen Hanse- und Reichsstädte.

Doch das 17. Jahrhundert zeigt, Erfurts große Zeit ist vorbei. Der Waidhandel wird von billigen Indigoimporten abgelöst, die Leipziger Messe hat die Erfurter längst überrundet. Und der dauernde Streit mit den Mainzer Stadtherren sowie der Dreißigjährige Krieg tun ihr übriges, um endlich die Stadt botmäßig zu machen. 1663 unterwerfen sich die Bürger der wenig geliebten Obrigkeit, die wiederum 1675 einen Statthalter einsetzt. Damit nähert sich der Ort dem Status einer Residenzstadt: Denn innerhalb ihres mittelalterlichen Mauerringes liegt nunmehr der dauernde Regierungssitz des „Kurmainzischen Staates Erfurt". Die **barocke Statthalterei** (heute Staatskanzlei und Sitz des Thüringer Ministerpräsidenten), 1710-1720 von *Maximilian von Welsch* errichtet, gilt zumindest als Nebenresidenz der Mainzer Erzbischöfe. Gemeinsam mit der Waage (heute Angermuseum) und den Festungen auf dem Peters- und Cyriaks symbolisieren sie eindrucksvoll den Mainzer Machtanspruch. Dass dieser nicht immer zu Erfurter

Erfurter Häuser mit Geschichte:
Rathaus (1275; 1870-1874)
Kornhofspeicher (1465/67)
Speicher- und Stapelhäuser (17. Jh.)
Haus zur Windmühle (1560)
Haus zum Sternberg (1533-1537)
Haus zum güldenen Stern (1459)
Engelsburg (1514)
Comturhof (1223;1570-1573)
Grüne Apotheke (1600)
Haus zur Hohen Lilie (1478-1538)
Haus zur Güldenen Krone (13./14. Jh.; 1472)
Haus zum Paradies und Esel (1243;1469)
Haus zum Stockfisch (1606-1607)
Haus zum güldenen Krönbacken (1200-1326; 1500)

Erfurt:
Kurmainzische Statthalterei (1557)

Ungunsten durchgesetzt wird, zeigt das verantwortungsvolle Wirken des erst siebenundzwanzigjährigen Statthalters *Karl Theodor Anton Maria von Dalberg*.

Er setzt sich mit Erfolg für eine lange anhaltende wirtschaftliche Stabilisierung Erfurts ein. Dalberg gilt auch als Freund *Friedrich von Schillers* und *Karl Friedrich von Dacherödens*. In dessen Haus (Anger 37/38) sind *Herder*, *Goethe* und *Wieland* häufig zu Gast. *Caroline von Dacheröden*, die schöne und kluge Haustochter, spätere Ehefrau *Wilhelm von Humboldts*, hat nicht unerheblichen Anteil an der Beziehung zwischen *Charlotte von Lengefeld* und *Friedrich von Schiller*. Deren Verlobung findet deshalb auch im **Hause Dacheröden** statt.

1802 verlässt Dalberg Erfurt. Vier Jahre später unterzeichnet er gemeinsam mit fünfzehn weiteren deutschen Fürsten die Rheinbundakte, die das Ende des Heiligen Römischen Reiches Deutscher Nation besiegelt.

Der Kanonendonner des nahen Schlachtfeldes von Jena und Auerstedt lässt nicht mehr lange auf sich warten. Er wird zum infernalischen Signal für den Schlussakkord in der kurzen Geschichte der Residenzstadt Erfurt.

Am 17. Oktober 1806 kapituliert die Festung, um danach mit französischer Besatzung die „Domaine reserve à l' empereur" zu schützen. Erfurt ist damit Besitztum zur eigenen Verfügung des Kaisers, will heißen *Napoleons*, geworden. Ein Jahr später findet

Erfurt:
Haus zum Breiten Herd (1584) und Gildehaus (1882-1883)

Erfurt:
Haus Dacheröden (1711-1720)

Erfurt:
Zitadelle Petersberg
(1665 - 1707)
Torhaus

der „Erfurter Fürstenkongress" statt, noch ganz im Glanz kaiserlich-französischer Macht. Nach sechs Jahren ist auch sie vorbei und die Stadt wird preußisch. Der schmerzlichste Verlust unter der neuen Flagge: Die altehrwürdige Universität muss ihre Pforten (für fast zwei Jahrhunderte) schließen.

Das gleichzeitig beginnende Industriezeitalter verändert den mittlerweile über tausend Jahre alten Ort völlig. Textil-, Lederwaren-, Maschinen- und Metallindustrie bestimmen das wirtschaftliche Profil der aufstrebenden Industriemetropole, die das Erbe der Mainzer Statthalter nutzend, auch als Stadt des Samenhandels und des Gartenbaus internationale Anerkennung findet.

Regierungsort wird Erfurt erst wieder mit der Neugründung des Freistaates Thüringen, nun als dessen Landeshauptstadt.

Erfurt:
Domstufenfestspiele

Gotha:
Ekhof-Theater im
Schloss Friedenstein

UND JEDERMANN ERWARTET SICH EIN FEST

Vorhang auf! Das Spiel kann beginnen …

… Theater ist Politik und Politik ist Theater. Die Geschichte dieses wechselvollen Spieles ist so alt wie das Theater selbst. Die ersten Bretter dafür wurden allerdings nicht in Thüringen aufgeschlagen. In ganz Europa sind im 17. und 18. Jahrhundert dreißig Theater bekannt! Doch selten gab es so viele auf kleinstem Raum wie zwischen Werra und Pleiße. Ist dies ein Zeichen für gute Politik oder sollte gutes Spiel auf den Bühnen von politischen Schwächen ablenken?

Um 1830 sind in diesem Zentrum eines weltoffenen geistig-kulturellen Lebens vierzehn Theater zu zählen. Im heutigen Sachsen-Anhalt sind es zur gleichen Zeit sechs. Mecklenburg-Vorpommern und Preußen (auf Brandenburg und Berlin beschränkt) können mit je drei bedeutenden Bühnen aufwarten!

Innerhalb von rund einhundertfünfzig Jahren hat sich diese Theaterlandschaft verändert. Sie ist noch reicher geworden. Dadurch sind in Thüringen wohl noch immer die meisten Theater zu finden, wenigstens die Gebäude, die zu diesem Zweck errichtet wurden.

Wie dem auch sei, es fällt auf, dass in Ländern mit relativ großem Einfluss die Zahl der Theater eher gering ist. Ein Schelm, der Arges dabei denkt!

Wann sich nun tatsächlich zum ersten Mal in einer ernestinischen, reußischen oder schwarzburgischen Residenz der Vorhang zum Spiel auf der Bühne gehoben hat, ist nicht genau bekannt.

Musik und Theater sind zwei Teile eines Ganzen. Und das kann auch Unterhaltung bei Hofe heißen. Deshalb sollen die frühen Anfänge dieser Kunst nicht unerwähnt bleiben.

Schon *Albrecht dem Unartigen* wird nachgesagt, dass er zumindest für zarte Flötentöne ein Ohr hat. Seine Söhne lieben Posaunen- und Pfeifenklänge und *Landgraf Balthasar* lässt sich durch Lautenmusik verwöhnen.

Selbst der Teufel muss in Thüringen Posaune spielen, um den Landgrafen zu erfreuen. So steht es übrigens in Berichten aus den Jahren 1432 bis 1436. Der Posaunist *Teufel* wird außerdem von zwei Pfeifern begleitet.

Derlei Musik kann durchaus teuflisch sein, wie ein Ereignis aus dem Jahr 1445 zeigt. „Mit viel Leuten, Trompetern und Pfeifern (soll *Herzog Wilhelm, der Tapfere*) nach Altenburg und Rochlitz reiten, um Land und Städte zu besichtigen." Der Rat stammt von *Apel von Vitzthum*. Mit seinen Empfehlungen und Intrigen trägt er nicht unwesentlich zum sächsischen Bruderkrieg bei. Die Musik beim Ritt nach Altenburg und Rochlitz ist für den jungen Wilhelm fast wie das Pfeifen im dunklen Wald. Er soll nämlich nachsehen, ob sein Bruder, der *Kurfürst Friedrich*, nicht etwa das gemeinsame Erbe verprasst.

Was mit Trompetenstoßen beginnt, wird denn auch bald von dumpfem Trommelschlag und schrillem Spiel der Landsknechtspfeifen übertönt.

Doch die Hofmusik bleibt vom Kriegslärm, wie es scheint, unberührt.

Um 1460 wird am kurfürstlichen Hof zu **Altenburg** bereits von vier Pfeifern, zwei Lautenschlägern und einem Fiedler berichtet. Alsbald finden auch mehr und mehr Trompeter Erwähnung, die für neue Töne sorgen.

Vom Theaterspiel kann aber noch keine Rede sein. Allerdings erscheint 1478 ein „nawen Springer". Vielleicht ist er der erste „Hofschauspieler"?

Gleich ob Schauspieler, Gaukler oder Artist, zumindest hat er mit seiner Kunst die Hofgesellschaft unterhalten, so wie auch das Possenspiel der Närrinnen und Narren. Davon gibt es im Umkreis der Regierenden, wie Berichte zeigen, immer genug. Die Grenzen zwischen Beruf und Neigung erscheinen dabei fließend.

1485 – dem Jahr der Leipziger Teilung – sorgen besonders die „öffentlichen Vorstellungen (der Narren) im Bade" am Hof des *Kurfürsten Ernst* in Altenburg für viel Spaß und Abwechslung.

Diese suchen allerdings auch die Bewohner der Städte und finden sie häufig beim Spiel der Stadtpfeifer. Türmer und Stadtpfeifer sind durch Amtseid gehalten, während der Markttage zu musizieren und zum Tanz aufzuspielen. Stadtpfeifer-Emporen oder Galerien wie am Rathaus von Altenburg bezeugen deren Wichtigkeit. Von diesen Emporen werden auch die Ratswahlen mit Sang und Klang begleitet.

Im 16. Jahrhundert erlebt das Musikschaffen im ernestinischen Sachsen eine erste bedeutende Blüte. In Weimar wirken *Johann Stolle* und *Nikolaus Rosth*, in Gotha *Cyrakus Schneegaß* und *Johann Lindemann* und im fernen Torgau arbeitet *Johann Walter*, der besonders durch seine der Reformation gewidmeten Kirchenmusiken bekannt geworden ist.

Voller Neid bemerkt deshalb der *Landgraf Moritz von Hessen*: „Unsere Musica muss von den Sachsen regiert und geführt werden."

Inwieweit und ob Stadtpfeifer an Mysterienspielen teilhaben, ist unbekannt. Derlei Aufführungen sind religiösen Themen gewidmet, dennoch kann man in ihnen erste Versuche eines Theaterspieles sehen. Über sie wird im späten Mittelalter von den Märkten in Altenburg und Gotha berichtet. Und in Gotha beginnt die eigentliche Thüringer Theatergeschichte, dramatisch, vom Blitz und Donner politischer Unwetter begleitet.

Die Zerstörung und Schleifung des Schlosses Grimmenstein ist noch nicht vergessen. Die Schrecken der Stadtbelagerung während des Schmalkaldischen Krieges und der Grumbachschen Händel haben die des Dreißigjährigen Krieges, zumindest für Gotha, ein halbes Jahrhundert früher vorweggenommen.

Doch sie wiederholen sich mit ungeahnter Grausamkeit. Mitten in der überaus unruhigen und gefahrvollen Zeit übernimmt *Herzog Ernst I.* 1640 die Regierungsgeschäfte. Zunächst übt er sie in Ermangelung eines Residenzschlosses vom Rathaus der arg geschundenen Stadt aus. Sechs Jahre dauert der Zustand, den der Umzug der herzoglichen Familie samt Hofstaat in das Schloss Friedenstein beendet. Das Schloss ist neu, sein Name symbolisch. 1654 sind die Bauarbeiten mit einem Gesamtpreis von 65 800 Gulden abgeschlossen. Für diese stolze Summe ist nicht nur das erste deutsche Barockschloss entstanden, das Residieren und Regieren unter einem Dach vereint, auch die Kunst hat ihren Platz gefunden. In beiden markanten Türmen gibt es einen Ballsaal und ein „Comedien-Gemach". Theateraufführungen finden im Ostturm statt. Also: Vorhang auf!

Die Regie übernehmen alsbald zwei bühnenwirksame Figuren – der Zufall und der Feuerteufel. Ihnen ist es zu danken, dass nach einem Brand im Ostturm des Schlosses auch der Westturm mit seinem typischen pyramidenförmigen Dach gründlich renoviert wird.

Das Wichtigste daran: Zwischen 1681 und 1684 entsteht in dem auch als Pavillon bezeichneten Bau ein „Comödien- und Ballhaus". 1683 erhält das Theater eine Kulissenbühne, Proszeniumslogen und eine, den Zuschauerraum umfassende Galerie.

Die ausgefeilte italienische Bühnentechnik und 36 Kulissenwagen ermöglichen den für die damalige Zeit rasanten Kulissenwechsel. Das Spiel erhält so das

Bedeutende Gothaer Hofkapellmeister und Komponisten:

Gottfried Heinrich Stölzel (1690-1749)
Georg Anton Benda (1722-1795)
Anton Schweitzer (1735-1787)
Andreas Romberg (1767-1821)

Aufführungen anlässlich der Theatereröffnungen:

„Kurtzes Schäfer-Spiel" (1681)
„Die geraubte Proserpina" - erste Oper (1683)
„Zayre" von Voltaire (1775)

Uraufführungen

„Ariadne auf Naxos" (1775)
„Walder" (1776)
„Romeo und Julia" (1776) - erste Shakespeare-Vertonung!
„Die drey Wünsche" (1778)
„Pygmalion" (1779)

Neues Theater:
„Robert, der Teufel" (1840)

Tempo des wirklichen Lebens und dieses wiederum ein ausgezeichnetes Spiel: Nach dem Brand des Weimarer Schlosses wird die *Seylersche Schauspieltruppe* 1774 am Gothaer Hof aufgenommen. Mit ihr kommt *Conrad Ekhof*, der „Vater der deutschen Schauspielkunst" und gründet das erste Hoftheater mit festem Ensemble. Beispielhaft lenkt er das Geschick der Bühne. Wöchentlich finden drei wechselnde Aufführungen statt. Bis zu seinem Tod 1778 werden 176 Theaterstücke inszeniert und insgesamt 874 mal aufgeführt. In Gotha wird Theatergeschichte geschrieben!

Die Gedanken *Gotthold Ephraim Lessings*, ein deutsches Nationaltheater zu gründen, fallen an diesem Ort auf fruchtbaren Boden. Das Hoftheater wird für das bürgerliche Publikum geöffnet und ist deshalb recht schnell zu klein. So verwundert es nicht, wenn *Ernst Wilhelm Arnoldi* 1837 den Neubau eines Theaters anregt, für den auch kein Geringerer als *Karl Friedrich Schinkel* die Entwürfe liefert.

Das „Neue Theater" zählt zu den schmerzlichen Verlusten, die Gotha am Ende des zweiten Weltkrieges erlitten hat.

Um das nächste bedeutende Hoftheater zu besichtigen, ist eine Fahrt von Gotha über Oberhof und Schleusingen zunächst nicht nach Meiningen, sondern nach **Hildburghausen** nötig!

In der kleinen südthüringischen Residenz liegen die Wurzeln der örtlichen Theatergeschichte, ähnlich wie in Gotha, in einem Ballhaus. Wer allerdings in Hildburghausen nicht tanzen will, muss lange auf ein heftiges Wortgefecht der Komödianten warten. Denn im Ball- und Fechthaus werden die Klingen, nicht die Worte gekreuzt!

Doch schon 1755 folgen den martialischen Quart-, Cercle- und Terzeinladungen der Fechter mit Säbel und Degen die zu den Terzen und Quarten der Tonkunst. Welch glücklicher Wandel! Ihm ist es zu verdanken, dass sich Hildburghausen des ältesten deutschen Theaters rühmen kann, das ohne nennenswerte Unterbrechung seit 1755 bespielt wird. Diese Tatsache ist das Resultat der Theaterleidenschaft des *Herzogs Ernst Friedrich III. Carl von Sachsen-Hildburghausen* und der Bemühungen des *Herzogs Georg II. von Sachsen-Meiningen*. Der Meininger „Theaterherzog" hat 1890 maßgeblichen Anteil an der Instandsetzung des alten fürstlichen Theaters.

Sind die Spielpläne der frühen Thüringer Hoftheater abwechslungsreich und unterhaltend, so kann man das von deren Entstehungsgeschichte kaum

Hildburghausen:
Theater (1721-1755)

Geflüster im Orchestergraben: Von Franz Liszt wird berichtet, dass er bei einer Orchesterprobe im Hoftheater ständig abklopfen muss, weil der Oboer zu laut bläst. Empört schreit der wütende Komponist den Musiker an: „Können Sie nicht piano blasen?“ Die verblüffende Antwort: „Wenn ich piano blasen könnte, säße ich bestimmt nicht in Altenburg!“ Ob sich die Geschichte wirklich so zugetragen hat, weiß niemand genau. Erzählt wird sie so auf jeden Fall.

Altenburg: Ehemaliges Herzogliches Hoftheater (1869-1871)

sagen. Denn auch das Theater in **Altenburg** hat, zumindest was den Bau betriff, seine Ursprünge im herzoglichen Ballspielhaus. Ab 1605 finden darin, wie auch im Riesensaal des Schlosses, Theateraufführungen statt. *Hans Christoph Lengefeld*, ein Hofkomödiant, hat in diesen Räumen von 1653 bis 1667 für Belustigungen aller Art und dramatische Aufführungen zu sorgen. Erst rund einhundert Jahre später, nämlich 1775, erhält der herzogliche Hof im ehemaligen Ballspielhaus sein standesgemäßes Theater.

Nach erneuten Instandsetzungsarbeiten zu Beginn des 19. Jahrhunderts wird deutlich, dass nur ein Neubau den Wünschen und Ansprüchen gerecht werden kann, die das Publikum an das Theater stellt. Innerhalb von drei Jahren, zwischen 1869 und 1871, entsteht so ein für die damalige Zeit moderner Bühnenbau, dessen Form deutliche Parallelen zur ersten Dresdner Semper-Oper zeigt.

Die Reihe klangvoller Namen, die im Herzoglichen Hoftheater Musikgeschichte geschrieben haben, ist lang. *Franz Liszt* und *Arthur Nikisch* sind dabei wohl die bedeutendsten. Dessen ungeachtet erfreut sich das Theater großer Beliebtheit. Bis zu 1100 Zuschauer können bedeutende Uraufführungen und spektakuläre Inszenierungen miterleben.

Während das prächtige Bauwerk auch heute noch das Stadtbild mitbestimmt, nimmt sich das 1783 errichtete Bürgerliche Komödienhaus eher bescheiden aus. Trotzdem hat es auch siebenhundert Theaterenthusiasten Platz geboten.

Aufführungen anlässlich der Theatereröffnungen
„Adonis“ 1728 (erste Barockoper)
„Der Freischütz“ 1871

Namhafte Altenburger Kapellmeister

Johann Ernst Witt
Christian Friedrich Witt
Johann Jacob Löwe
Johann Rosenmüller
Wolfgang Michael Mylius
Wilhelm Stade

Bedeutende Inszenierungen im Bürgerlichen Komödienhaus

„Entführung aus dem Serail“ (1792)
„Die Zauberflöte“ (1812)
„Der Freischütz“ (1822)

Davon soll es ja auch in **Weimar** schon immer genug geben. Aber das ist nicht das einzige, was Altenburg und Weimar beim Thema Theater verbindet. 1589 wird im Schloss Hornstein an der Ilm – vor ausgewähltem Publikum – ein Kriminalstück von der Pleiße aufgeführt. „Der Altenburger Prinzenraub" erinnert die Ernestiner wieder mit Schrecken an die schlimme Sommernacht im Altenburger Schloss. Doch diesmal ist es eben nur ein Spiel!

Wer aber meint, dass ob so früher Bühnenkunst die Reihe der Theater, die aus einem Ballhaus hervorgegangen sind, in Weimar ein Ende hat, der irrt. Freilich gibt es in der „Wilhelmsburg" an der Ilm bereits um 1696 eine Opernbühne, übrigens ganz nach Gothaer Vorbild eingerichtet. 1772 tritt *Conrad Ekhof* im Weimarer Residenzschloss auf. Doch alle Hoffnungen, die sich deshalb auf ein reges Theaterleben richten, werden 1774 jäh durch den verheerenden Brand der „Wilhelmsburg" zunichte gemacht. Die Seilersche Schauspieltruppe zieht mit Conrad Ekhof nach Gotha und in Weimars Brandruine die Tristesse ein.

Die verschwindet wohl erst wieder, als das Redouten- und Komödienhaus 1779 seine Pforten öffnet. 1791 wird das herzogliche Hoftheater gegründet, sein erster Intendant ist natürlich *Johann Wolfgang von Goethe*! Und nicht nur das. Der Geheimrat engagiert sich eben auch in der Schlossbaukommission und kennt dadurch den Schweizer Baumeister *Nicolaus Friedrich Thouret*. Was liegt da näher, als dessen Baupläne und -leitung für den Umbau des Hoftheaters 1798!

Ein Jahr später nennt *Friedrich Schiller* in seinem „Lied von der Glocke" die Macht des Feuers wohltätig. In Weimar hat man häufig ganz andere Erfahrungen machen müssen, so auch im März 1825.

Denn wieder hat „der Mensch (sie weder) bezähmt, bewacht" und deshalb einen Haufen Brandschutt statt eines ehrwürdigen Hoftheaters!

Der Intendant und der Weimarer Oberbaudirektor *Clemens Wenzeslaus Coudray* sehen in dem feurigen Ende des Hauses die Chance für einen architektonischen Neubeginn – und scheitern mit ihren kühnen Gedanken. Stattdessen wird ein schmuckloser, nüchterner Plan des Baurates *Steiner* realisiert! Mehrfache Umbauten und Überlegungen für einen Neubau bedeuten für das Theater ein Provisorium auf Zeit. Die ist 1906 abgelaufen. In erstaunlich kurzer Bauzeit entsteht das neuklassizistische Großherzogliche Hoftheater. Bereits 1908 findet die Eröffnungsfeier statt.

Rund elf Jahre, nachdem zum ersten Mal auf den neuen Brettern die Welt des Spiels zu erleben war, werden diese zum politischen Parkett. Im nunmehrigen „Deutschen Nationaltheater" tagt die verfassungsgebende Nationalversammlung des Deutschen Reiches. Das Theater als Podium für die Politik, wie doppelsinnig!

Aufführungen anlässlich der Theatereröffnungen
„Die Jäger" (1791)
„Iphigenie auf Tauris" (1908)
„ Faust I " (1948)

Bedeutende Uraufführungen
„Alceste" (1772)
„Egmont" (1778)
„Wallenstein" (1800)
„Wilhelm Tell" (1804)
„Maria Stuart" (1800)
„Lohengrin" (1850)

Berühmte Weimarer Kapellmeister und Komponisten
Anton Schweitzer (1771-1774)
Johann Nepomuk Hummel (1819-1837)
Franz Liszt (1857-1861)

Weimar:
Deutsches Nationaltheater (1906-1907) mit dem Goethe-Schiller-Denkmal (1852-1857)

Doch den Ruhm, eine der bedeutendsten Stätten deutscher Theaterkultur zu verkörpern, kann dem Weimarer Theater kaum eine andere Thüringer Spielstätte streitig machen.

Den Liebreiz eines **„Grünen Theaters“** (für Liebhaber – wessen und wer diese auch immer sein mögen) ersetzt selbst solcher Ruhm nicht!

Am Rande Weimars, mitten in der anmutigen Garten- und Parklandschaft des Schlosses **Belvedere**, erwartet seit 1823 das aus Hecken gebildete Theater seine liebhabenden Gäste. Hecken sind Bühnen- und Zuschauerraum, Kulisse für manch liebevolles Spiel. *Maria Pawlowna*, die Gemahlin des *Großherzogs Carl Friedrich von Sachsen-Weimar-Eisenach*, ließ sich zu dieser Anlage von einem ähnlichen Theater in Pawlowsk bei St. Petersburg anregen.

Weniger weltläufig und dazu noch eine gute Autostunde entfernt, erwartet auch das fürstliche Hoftheater in **Rudolstadt** seine Gäste.

1793 wird das als Komödienhaus bezeichnete Sommertheater mit dem Schauspiel „Menschenhass und Reue“ von *August von Kotzebue* eingeweiht.

Die Premiere ist gleichzeitig der Beginn eines bis 1804 währenden Engagements der „Weimarische(n) Schauspieler-Gesellschaft“, die wiederum von *Johann Wolfgang von Goethe* betreut wird. Als 1846 die Pläne für ein neues Hoftheater reifen, geschieht das bei offensichtlich leeren Kassen. Zwei Jahre nach der Grundsteinlegung muss der Bau wegen Geldmangel zunächst eingestellt werden. Erst 1868 erhält Rudolstadt durch einen Umbau ein neues Hoftheater, dessen einfache Formen seither kaum verändert wurden.

Weimar-Ehringsdorf:
Schloss Belvedere,
Naturtheater (1823)

Rudolstadt: Ehemaliges Hoftheater (1868)

Gera:
Ehemaliges
Fürstliches
Hoftheater
(1900 - 1902)

Meiningen: Ehemaliges Hoftheater (1908/09)

Was den Schwarzburgern recht ist, kann den Reußen nur billig sein, vor allem wenn es um das Theaterspiel geht. Betrifft es indes das Theater selbst, kann freilich von billig keine Rede sein. Die Schwarzburger mögen neidvoll auf das Fürstliche Hoftheater im reußischen **Gera** geblickt haben. Bereits 1787 ist ein festes Theater bezeugt, das knapp fünfzig Jahre später durch einen Neubau ersetzt wird. 1833 übernehmen die *Fürsten von Reuß jüngere Linie* das Theater nach einer Versteigerung. Zum „Fürstlichen Hoftheater" erklärt, erlebt es mehrfache Umbauten, die Unzulänglichkeiten eher kaschieren als beheben. Abhilfe kann da nur ein völliger Neubau schaffen. Den besten Platz bietet dafür der östliche Rand des Küchengartens an. *Heinrich Seelig* errichtet 1902 ein monumentales Gebäude, das Theater- und Konzertsaal in einem Hause vereint. Hinter einer reich gegliederten Fassade mit historisierenden Schmuckelementen erwartet den Besucher ein **„wertvolles Jugendstiltheater".**

Das Hoftheater ist nicht mit dem Geraer Residenztheater zu verwechseln. Um 1830 als Bad mit Badegarten erbaut, hat der Musentempel eine wechselvolle Geschichte. Aus dem Bad wird 1877 der „Kaisersaal" für Tanz- und Konzertveranstaltungen. Rund zwanzig Jahre später entsteht daraus nach abermaligem Umbau das „Residenztheater". In ihm wird freilich keine so bedeutende Theatergeschichte geschrieben.

Um sie zu sehen und zu erleben, ist ein Besuch in **Meiningen** nötig!

Der genius loci – der Geist des Ortes – grüßt in großen Lettern vom Giebelfeld des Herzoglichen Hoftheaters: GEORG II. /DEM VOLKE/ ZUR FREUDE UND ERHEBUNG. Nun denn, glücklich der Ort, dem solch Geist beschieden! Im Vergleich mit anderen Thüringer Residenzstädten scheint er relativ jung. Erst 1829 wird unter der Regentschaft des *Herzogs Bernhard II. von Sachsen-Meiningen-Hildburghausen* ein Hoftheater errichtet, dass in gewisser Weise nicht nur die Berühmtheit mit dem Weimarer Theater, sondern auch dessen Schicksal teilt. 1908 brennt des Alte Hoftheater ab. Doch bereits ein Jahr später heißt es am 17. Dezember: „Das Spiel kann beginnen" – und zwar in „Wallensteins Lager", dem die „Piccolomini" folgen.

Meiningen gilt als „letzter deutscher Musenhof" und *Georg II.* als der „Theaterherzog". Treffender kann diese Bezeichnung kaum sein; es ist, betrachtet man des Herzogs Rolle im Bemühen um das Spiel, wohl auch die ehrenvollste. Den würdigen Raum dafür bietet das neue Hoftheater. In neuklassizistischer Gestalt errichtet, vereint es alle Erfahrungen der Theaterbaukunst und -technik des frühen 20. Jahrhunderts.

Musikerwünsche: Von Max Reger wird erzählt, dass ihm während einer Eisenbahnfahrt von Erfurt nach Leipzig folgendes passierte: In Weimar stürzt eine Dame ins Abteil und sinkt völlig erschöpft in die Polster. Nachdem sie sich etwas erholt hat, erkennt sie den Meister und beginnt ihr Leid zu klagen: „Es ist schrecklich! Ich bin Sängerin und habe so viel zu tun, dass ich nicht mehr ein noch aus weiß. Mit einem Bein stehe ich quasi in Weimar und mit dem anderen in Erfurt auf der Bühne." Regers Antwort: „Schade, dass ich nicht Stationsvorsteher in Vieselbach bin."

Meiningen:
Theatermuseum im ehemaligen Marstall

Historisches Bühnenbild: „Lager von Pilsen“ (1909)
Friedrich Schiller, „Wallensteins Lager“

Prospekte aus den Sammlungen des Theatermuseums:

„Vierwaldstätter See“ (1875)
Friedrich Schiller, „Wilhelm Tell“

Links:
Vor dem Gewitter

Rechts:
Gewitterstimmung

Sondershausen: Liebhabertheater (1834)

Sondershausen und die guten Töne: „Am Hofe des damaligen regierenden Fürst Günthers hörete man ein Orchester von 30 wackeren Virtuosen und Sängern, für welches ein Stölzel, Förster und Freißlich arbeiteten, unter welchem sich dier ersten und größten Virtuosen Deutschlands hören ließen, und wobei ein Kirnberger und Scheibe eine Zeitlang lebten, um ihre Kenntnisse zu erweitern."

Um Unterschiede in der thüringischen Liebe zum Theater zu ergründen, heißt es, einen Blick nach **Sondershausen** zu werfen. Hier wird sogar vielversprechend von zwei verschiedenen Bühnen berichtet. Da ist zum einen das fürstliche Hoftheater, das ab 1815 den Riesensaal im Residenzschloss für seine Aufführungen nutzt. Es ist ein Provisorium von zehnjähriger Dauer, dem 1825 ein Neubau Abhilfe schafft.

Die eigentliche Misere, das Unverständnis darüber, dass zwischen fürstlichem Regieren und Theaterregie doch gewisse Unterschiede bestehen, wird nicht behoben. *Fürst Günther Friedrich Carl I.* zeigt durch seine unbedarften Eingriffe in Theateraufführungen, dass dilletierende Regenten zu allem fähig, aber nur deshalb, weil sie unfähig sind.

Sein eigener Sohn, *Günther Friederich Carl II.*, probt mit Erfolg den Aufstand gegen den etwas eigenwilligen „Alten". Zum Ausgleich für dessen wundersames Theaterverständnis wird nun im „Alten Nordflügel" des Schlosses ein **Liebhabertheater** eingerichtet. 1834 hebt sich in der Kleinkunstbühne zum ersten Mal der Vorhang. *August von Kotzebues* Lustspiel „Die respektabele Gesellschaft" hat Premiere. Publikum und Künstler feiern die Eröffnung der intimen Bühne. Ob mit dem beziehungsreichen Titel auch die Sondershäuser Theatergesellschaft gemeint war, sei dahingestellt. Auf jeden Fall hat sie sich mit Erfolg um ein besseres musisches Klima in der Residenzstadt bemüht.

Das theatergeschichtliche Kontrastprogramm lenkt nun zurück, in Richtung Süden, nach **Erfurt**.

Mit der Würde eines Hoftheaters kann die alte Universitäts- und Handelsstadt natürlich nicht aufwarten. Dazu fehlt eben der strahlende Glanz einer

fürstlichen Residenz. Was gilt der aber gegen einen **„Kaisersaal"**! Noch dazu, wenn in ihm gespielt wird und vor allem womit und wie! Zuerst natürlich mit Musik und Gefühlen, denn 1756 geht, wie schon so oft in Thüringen, aus dem Ballhaus (in diesem Fall der Universität) das erste Theater der Stadt hervor. 1782 sind Um- und Ausbauten nötig. Drei Jahre später findet die Uraufführung von „Don Carlos" statt. *Friedrich von Schiller* nimmt an der Premiere seines Schauspiels teil.

1808 fallen im rasanten politischen Spiel die Würfel nach *Napoleons* Willen. Er führt die Regie beim Erfurter Fürstenkongress, und vierundzwanzig ge-

Erfurt: Kaisersaal (1769/1822/1870)

krönte europäische Häupter suchen Entspannung, vielleicht auch das Vergessen, beim Drama auf der Bühne. *Napoleon*, der russische *Zar Alexander* und die *Könige von Bayern* und *Württemberg* sowie die *Großherzöge von Baden* und *Hessen-Darmstadt* lernen den Unterschied zwischen Theater- und Schlachtendonner kennen.

1870 wird das Theater erneut in einen Konzert- und Ballsaal verwandelt. Elf Jahre später findet in ihm der erste SPD-Parteitag statt, auf dem das bekannte Erfurter Programm verabschiedet wurde.

Mit dem Sommer- und Stadttheater erhält Erfurt 1877 eine neue Bühne. Szenenwechsel. Das musen- und turmreiche Erfurt liegt hinter und ein wunderbares Panorama vor uns, denn zwei kleine Theater sollen auf jeden Fall noch mit genannt werden:

Zum einen das Liebhabertheater im Schloss Großkochberg, in dem 1799 „Ein neues Freiheitssystem oder Die Verschwörung gegen die Liebe" von *Charlotte von Stein* aufgeführt wurde. Zum anderen sei das Kurtheater in Bad Liebenstein genannt, das 1800 *Herzog Georg I. von Sachsen-Meiningen* errichten lässt.

Der Weg führt weiter nach Arnstadt. Die Drei Gleichen und die sanften Bergrücken des Thüringer Waldes werden zur atemberaubenden Kulisse. Lässt sich das Naturschauspiel noch übertreffen? Wohl kaum, doch ergänzen allemal, wenn Garten- und Theaterkunst einander berühren. 1842 entsteht im Arnstädter Schlosspark anstelle der fürstlichen Reitbahn ein Hoftheater. Bauherr ist *Fürst Günther Friedrich Carl II. von Schwarzburg-Sondershausen.*

Ganz anders ist die Situation in **Eisenach**. Der Kunstsinn des *Barons Julius von Eichel-Streiber* beschert der Stadt 1879 ein eigenes Theater.

In der Theatergeschichte der Thüringer Residenzstädte haben beide Bühnen keine herausragende Rolle gespielt, aber doch sind sie Teil eines großen Ganzen. Und das wiederum verkörpern sie auf besondere Weise: Dem Hoftheater steht das bürgerliche Stadtheater gegenüber, ohne beide ist die in ihrem Reichtum einmalige Kulturlandschaft der ernestinischen Kleinstaaten aber kaum denkbar.

(Neben den hier erwähnten Residenz(Stadt)-Theatern gibt es in Thüringen noch einige weitere (moderne) Bühnenbauten und Spielstätten. Sie entstanden sämtlich nach 1918 und finden deshalb hier keine Erwähnung.)

Thüringen ist das Ergebnis eines wechselvollen Spieles zwischen fürstlichem Herrschaftsanspruch und bürgerlichem Kunstbedürfnis. In den vergangenen fünfhundert Jahren hat sich so ein kulturelles Klima entwickelt, das teilweise Weltbedeutung besitzt.

Eisenach:
Stadttheater
(1875-1878)

Die Thüringer Landesgründung beendet am 1. Mai 1920 die Jahrhunderte während Geschichte vom Teilen und Wiedervereinigen. Doch die folgenden achtzig Jahre bleiben voller Spannungen und Dramatik. Es sollen die kompliziersten Kapitel der Landesgeschichte werden, in denen auch abermalige Gebietsaufteilungen und -zusammenschlüsse eine Rolle spielen.

Die Anlässe dafür sind bezeichnend: Rund ein Jahr vor dem Ende des zweiten Weltkrieges bestimmt die NS-Reichsregierung die Anpassung der preußischen Provinz Sachsen an die Reichsverteidigungsbezirke. Erfurt untersteht von da an bis zum Zusammenbruch des „Dritten Reiches" dem Reichsstatthalter Thüringen.

Am 2. Juli 1945 wird in Weimar die Thüringer Provinzial-Regierung gebildet. In der ehemaligen Residenzstadt richtet auch die Sowjet-Militäradministration ihren Sitz ein.

Durch das von der Regierung der DDR erlassene „Gesetz über die weitere Demokratisierung des Aufbaus und der Arbeitsweise der staatlichen Organe im Land Thüringen" entstehen am 25. Juli 1952 die Bezirke Erfurt, Gera und Suhl mit insgesamt 32 Land- und 4 Stadtkreisen.

Fast auf den Tag genau hebt nach 38 Jahren das Ländereinführungssgesetz die Bezirke wieder auf.

Mit der deutschen Wiedervereinigung tritt das Land Thüringen erneut in die Geschichte ein.

In der Verfassung des Freistaates wird in dem Artikel 44 auch das Landeswappen festgelegt. Es zeigt einen aufrecht stehenden, achtfach rot-silber gestreiften, goldgekrönten und goldbewehrten Löwen auf blauem Grund, den acht silberne Sterne umgeben.

Aktuelles Landeswappen Thüringens

Zum ersten Mal ist Erfurt Landeshauptstadt und damit der achte Stern im Wappenschild – die übrigen sieben erinnern einmal mehr an die Geschichte der Residenzen und Residenzstädte.

Amende, E.: Landeskunde des Herzogtums Sachsen-Altenburg, Altenburg 1902

Badstübner, E.: Kirchen der Mönche, Berlin 1980

Behr, F.: Von Giftmord, Pest und Feuersbrunst, Berlin 1987

Bindig, G.: Baubetrieb im Mittelalter, Darmstadt 1993

Blaschke, K.: Geschichte Sachsens im Mittelalter, Berlin 1990

Borst, A.: Das Rittertum im Mittelalter, Darmstadt 1989

Borst, A.: Alltagsleben im Mittelalter, Frankfurt 1983

Brandt, O.: Die Kolonisierung der Gebiete des jetzigen Herzogtums Sachsen-Altenburg, Jena 1915

Brinken, B.: Erfurt, Sigmaringendorf 1991

Conze, W./Hentschel, H. (Hg.): Ploetz. Deutsche Geschichte, Freiburg 1991

Czok, K.: Geschichte Sachsens, Weimar 1989

Eichler, E./Walther, H.: Städtenamenbuch der DDR, Leipzig 1986

Dehio, G.: Handbuch der Deutschen Kunstdenkmäler, Thüringen, Berlin 1998

Franz, G.: Der deutsche Bauernkrieg, Darmstadt 1984

Gerlich, A.: Geschichtliche Landeskunde des Mittelalters, Darmstadt 1986

Göschel, H. (Hg.): Lexikon der Städte und Wappen der DDR, Leipzig 1984

Gresky, W. :Gedenktafeln in der Stadt Sondershausen, Sondershausen 1993

Heckmann, H. (Hg.): Sachsen. Historische Landeskunde Mitteldeutschlands, Würzburg 1990

Heckmann, H. (Hg.): Thüringen. Historische Landeskunde, Würzburg 1986

Held, W.: Zwischen Marktplatz und Anger, Weimar 1988

Hess, U.: Geschichte der Behördenorganisation der thüringischen Staaten und des Landes Thüringen von der Mitte des 16. Jahrhunderts bis zum Jahre 1952, Jena 1993

Historische Theaterbauten in Deutschland, Erfurt 1994

Hoppe, W./Seidel, G.: Geologie von Thüringen, Gotha/ Leipzig 1974

Holz, W.: Kleine Kunstgeschichte der deutschen Burg, Darmstadt 1991

Johanek, P. (Hg.): Vorträge und Forschungen zur Residenzenfrage, Sigmaringen 1990

Jacobsen, R./Bärnighausen, H. (Hg.): Residenzschlösser in Thüringen, Bucha 1998

Jahn, J.: Wörterbuch der Kunst, Stuttgart 1965

John, J.: Erfurt als Zentralort, Residenz und Hauptstadt, in: Zeitschrift des Vereins für Thüringische Geschichte, 46/1992, Jena 1993

Kessler, H. J.: Altenburg, Erfurt 1993

Kessler, H. J.: Altenburger Land, Altenburg 1996

Kessler, H. J.: Gegeben czu Rochlitz..., Horb 1995

Kessler, H. J.: Das Thüringische Osterland, Erfurt 1996

Kirste, E.: Geologisches Wanderbuch für Ostthüringen und Westsachsen, Stuttgart 1912

Kluge, B.: Brakteaten, Leipzig 1984

Köhler, G.: Historisches Lexikon der deutschen Lände,, München 1992

Kramm, H.: Studien über die Oberschicht der mitteldeutschen Städte im 16. Jahrhundert, Köln 1981

Kötzschke, R./Kretzschmar, H.: Sächsische Geschichte, Bd. 1, Dresden 1935

Lang, R.: Persönlichkeiten in Sondershausen, Sondershausen 1993

Meckseper, C.: Kleine Kunstgeschichte der deutschen Stadt im Mittelalter, Darmstadt 1991

Mrusek, H. J.: Thüringische und sächsische Burgen, Leipzig 1965

Mrusek, H. J.: Gestalt und Entwicklung der feudalen Eigenbefestigung, Berlin 1973

Mues, S.: Gera, Horb 1993

Piper,O.: Burgenkunde, Berlin 1912

Raschke, H.: Gotha – Die Stadt und ihre Bürger, Horb 1996

Raschke, H.: Residenzstadt Gotha, Gotha 1990

Reinhold, F.: Weida im Jahre 1721, In: Veröff. Mus. Stadt Gera, Histor. R. Heft 2/1985

Roob, H.: Gotha, Sigmaringendorf 1991

Schilling,W.: Jena, Horb 1995

Schubert, E.: Fahrendes Volk im Mittelalter, Darmstadt 1997

Sobotka, B. (Hg.): Burgen, Schlösser und Gutshäuser in Thüringen, Witten 1995

Sondershausen, Straßen und Plätze in Sondershausen, Sondershausen 1993

Streich, B.: Zwischen Reiseherrschaft und Residenzenbildung: Der Wettinische Hof im späten Mittelalter, Köln 1989

Strumpf, M.: Gothas astronomische Epoche, Horb 1998

Suhle, A.: Deutsche Münz- und Geldgeschichte, Berlin 1971

Thimm, G.: Gärten und Parks in Thüringen, Marburg 1992

Vehse, C. E.: Die Höfe zu Thüringen, Leipzig 1994

Vollstädt, H.: Einheimische Minerale, Dresden 1971

Beiträge zur Schwarzburgischen Kunst- und Kulturgeschichte, Bd. 1, Rudolstadt, eine Residenz in Thüringen, Leipzig 1993

Handbuch der Historischen Stätten Deutschlands: Band XI, Provinz Sachsen-Anhalt, Stuttgart 1987
Band VIII, Sachsen, Stuttgart 1963
Band IX, Thüringen, Stuttgart 1989

Quellen zur Geschichte Thüringens, Band 2, Erfurt 1995
dgl. Band 3, Erfurt 1996
dgl. Band 5, Erfurt 1995

Die Deutsche Bibliothek -
CIP-Einheitsaufnahme

Thüringer Residenzen / Hans Joachim Kessler. Fotogr. Reinhard Mende; Günter Prätor. - Leipzig: Mitteldt. Ed., 2001

ISBN 3-934967-01-9

mitteldeutsche editionen
verlagsgesellschaft mbH 2001

Einbandgestaltung und Layout:
Theo Hesselbarth, Gerstenberg

Lithografie: huth & möller,
graphische gesellschaft br, Leipzig

Druck: Gebr. Klingenberg Buchkunst
Leipzig GmbH

Bildnachweis:
Reinhard Mende: 1, 2/3, 6, 20/21, 22, 23 (2x), 24, 25, 26/27, 27, 28 (2x), 28/29, 30 (2x), 34, 35 (2x), 38/39, 40 (2x), 41, 42/43, 57, 58, 59, 60/61, 63, 64/65, 69, 70 (2x), 71, 72 (3x), 77 (3x), 78, 79, 80, 81, 82, 83, 92, 97, 98, 100/101, 106, 107, 115 (2x), 120, 121, 125
Günter Prätor: 14/15, 18 (3x), 32/33, 45, 48/49, 50/51, 52/53, 54, 56, 59 (2x), 63, 87, 88 (2x), 89, 90/91, 96, 98 (2x), 99 (2x), 106, 107, 108, 116/117, 118, 122, 126
Hans-Georg Schröder: 12 (2x), 13, 25, 49, 50, 55, 56 (2x), 62 (2x), 93, 94/95
Harald Lange: 18, 73, 74, 75 (3x), 76 (2x), 84/85, 103, 104, 119
Roland Dreßler: 36 (2x), 36/37
Helmut Röttig: 94, 124
Barbara Neumann: 105, 124
Lutz Edelhoff: 109
Sammlung Theo Hesselbarth: 4/5, 7, 8/9, 46/47, 69, 73, 77, 82, 86, 89, 93, 102,
Kunstsammlungen der Veste Coburg: 19
Manfred Koch: 122 (2x), 123
Lutz Ebhardt: 110/111
Gotha-Information: 66/67, 87 (2x)
Sammlung Michael Dölle: 80
Theater Erfurt: 109
Archiv des Verlages: 11, 17
Museum für Regionalgeschichte und Volkskunde, Gotha: 110/111
Stadtentwicklungsgesellschaft Hildburghausen mbH: 114
Kulturstiftung Meiningen, Meininger Museen: 122/123 (2x), 123